JN006151

仏検4級・5級対応

クラウン
フランス語
単語 入門

ヴェスィエール ジョルジュ [著]

DES MOTS QUI VONT TRÈS BIEN ENSEMBLE

三省堂

イラスト
Martin Faynot

デザイン
山本　嗣也
(志岐デザイン事務所)

デザイン、DTP
九鬼　浩子
(スタジオプレス)

編集協力
池端　光
Sonia Silva
野崎　夏生

編集担当
奥山　道

まえがき

　皆さん、bonjour！　フランス語の響きに憧れて勉強に夢中になっている方、趣味や食文化がきっかけで学習を始めた方、単位取得のために仕方なく勉強している方、様々な理由で本書を手に取られた方がいらっしゃるかと思います。どんな理由であれ、フランス語の世界へようこそ！

　フランス語学習は、最初のうちは楽に感じたとしても、必ず途中で大きな壁にぶつかります。それは、語彙力の壁です。どんなに文法が理解できていても、語彙だけは地道に増やしていくしかないからです。スマートフォンやタブレットを使えば一瞬であらゆる調べ物ができる便利な時代になったというのに、単語はコツコツと覚えていかなければなりません。このギャップは、21世紀に入ってますます大きくなったのではないでしょうか。

　「語彙は苦労せず覚えられますよ！」というウソを皆さんにつきたくはありません。苦労はしますが、なるべくその苦労を小さくするお手伝いをしたいと思います。そこで本書では、フランス語初心者が必要としている単語を紹介するだけでなく、日常生活を意識した例文と会話に重点を置いて執筆しました。というのも、せっかく単語を暗記しても、どういった状況で使っていいのか分からなかったら話せるようになりませんし、つらい苦労でしかないからです。

　例文や会話には、学習者の皆さんに最も覚えてほしい表現を掲載しました。まずは1日2ページから、コツコツと取り組んでみてください。単語、例文、そして会話の蓄積こそが「使える語彙力」を高め、苦労を少しずつ楽しさに変えてくれるでしょう。本書が最後の1ページまで皆さんの勉強の一助となることができれば、著者としてこれ以上の喜びはありません。

ヴェスィエール　ジョルジュ

目次

記号一覧

名：名詞、男女両用の名詞	代動：代名動詞	間：間投詞
男：男性名詞	形：形容詞	複：複数形
女：女性名詞	副：副詞	⇒：派生語、関連語
代：代名詞	接：接続詞	⇔：対義語
動：動詞	前：前置詞	＊：注記

★：成句	⇒《略》：省略形	[ ]：入れ替え可能
†：有音の h	＜：語源、原形	

本書の特徴

日常生活を意識した例文と会話に重点を置いた初級者向け単語帳です。仏検４級合格に十分な1,500語レベルの語彙を効果的に習得することができます。フランス語学習を始めたばかりでも使えるよう、例文はできるだけ簡単なものから始め、徐々に難しくなるように編集されています。

1. 構成と学習の目安

ひとつの partie は12ページから構成され、単語学習10ページと会話２ページがセットになっています。会話ページでは、学んだ単語のうちいくつかをもう一度取り上げて、ニュアンスや文化的背景、関連語などを生のフランス語に触れながら習得することを目指しています。

語学学習の鍵は継続と繰り返しです。例えば、月曜日から土曜日まで２ページずつコツコツと取り組み、日曜日にその週学んだ語をおさらいすると、１週間でひと partie 進めることができ、約４か月で本書を終えることができます。

2. mot-clef（重要な言葉）

最も重要な動詞と前置詞30語は、ひとつひとつ mot-clef として取り上げ、豊富な語義と例文で詳しく解説しました。さらに、日本人学習者にとってつかみにくいニュアンスをイラストで示しました。

3. 音声

語学学習では、母語話者が吹き込んだ音声を活用するのが王道です。本書では、以下の音声を用意し、無料で配信しています。

> ① 見出し語（フランス語）
> ② 見出し語訳（日本語）
> ③ 例文（フランス語）
> ④ 会話（フランス語）
> ⑤ 綴りと発音（フランス語）

見出し語とその日本語訳について、女性名詞の場合は女性の声、それ以外の場合は男性の声で吹き込んでいますので、名詞の性を感覚的に覚えることができます。ぜひ何度も繰り返し聞いて、声に出して練習してみてください。

名詞の性別が覚えやすくなるコツ

　フランス語の普通名詞の中で un père や une mère のように人間を指しているもの
は、男性・女性が比較的覚えやすいと言えます。それ以外の名詞でも、語尾を見て名詞
の性別を当てることができる場合があります。本書の5級相当の名詞を例に見ていきましょ
う。

女性名詞の可能性が高い語尾

　語尾が -e の単語は、女性名詞の傾向があります：une cuisine、une fenêtre, une
table（ただし、un rêve, un anniversaire, un téléphone などは男性名詞）。女性名
詞であると考えられる代表的な語尾は以下のとおりです。

- -ette：des toilettes, des lunettes
- -ion：une télévision, une station, une question
  （ただし un avion は男性名詞）
- -ie：la vie, une envie, une boulangerie
- -ille：une famille, une fille, une ville /**vil**/
- -ure：une chaussure, une culture, une voiture

※例外：語尾が -age の場合は男性名詞の可能性が高いので注意してください（un
mariage, le courage, un étage）。

男性名詞の可能性が高い語尾

- -er, -ier：un escalier, un papier, un cahier
- -al, -ail：un animal, un travail, un cheval
- -in：un jardin, un dessin, un magasin
- -ment：un vêtement, un bâtiment

　ただし、あくまでも傾向でしかないので、普段から冠詞と一緒に名詞を覚えることが
大事です。頑張ってください。Bon courage !

綴りと発音

　フランス語は綴りと発音の対応関係が規則的です。ですから一度覚えてしまえば、知らない単語でもほぼ正確に発音できるようになります。綴り字の規則は少し複雑に思えるかもしれませんが、簡単かつ丁寧に、ポイントを絞って解説していきますから大丈夫ですよ。

　まず覚えて欲しい用語が2つ。フランス語では、a, e, i, o, u, y を母音字、それ以外を子音字と呼びます。それでは早速始めましょう。

Ｉ 単母音（1 文字だけのとき）

a à â	:/a ア/ または /ɑ ア/	gare /gar ガール/ 囡 駅
i î y	:/i イ/	lit /li リ/ 團 ベッド
o ô	:/o オ/ または /ɔ オ/	tôt /to ト/ 圃 早く
u û	:/y ユ/	tu /ty テュ/ 陇 きみ

・基本的にはローマ字読みです。y を /igrɛk イグレク/ と呼びますよね。これ、実は「ギリシアの i」という意味です。フランス語の y という字が古代ギリシア語の文字から由来することを示しています。だから i と同様に /i/ と読むことが多いのです。ちなみに、日本語の「イ」より唇を左右に強く引いて発音します。

・注意が必要なのは、u を /y/ と読むことです。唇を丸めて突き出し、舌先を下の歯に押しつけて発音しますよ。

é	:/e エ/	café /kafe カフェ/ 團 コーヒー
è ê	:/ɛ エ/	fête /fɛt フェト/ 囡 祭り
e【語末で -e ＋子音字、語頭または語中で e ＋子音字2つ】		
	:/e エ/ または /ɛ エ/	pied /pje ピエ/ 團 足
		(je t')appelle /apɛl アペル/
		(私はきみに) 電話する
e【語末の -e、語頭または語中で e ＋子音字1つ】		
	:/ə 軽いウ/ または発音しない	table /tabl タブル/ 囡 テーブル
		appeler /aple アプレ/ 働 電話する

・パッと見た感じは難しそうですが、安心してください。4つ目のパターンをしっかり覚えれば大丈夫。他はローマ字どおり「エ」ですよ。

・「エ」「オ」「ア」の音はフランス語には2種類ずつありますが、意識して使い分ける必要はありません。

【補足】「エ」「オ」「ア」の区別

・「エ」「オ」は口の開き具合の違いで、/e エ/ と /o オ/ では狭く、/ɛ エ/ と /ɔ オ/ では広くなります。「ア」は舌の位置の違いで、/ɑ ア/ では後ろ寄り（口の奥のほう）、/a ア/ は前寄りで発音します。

Ⅱ 複合母音（2、3文字がセットのとき）

ai, ei	: /ɛ エ/	mais /mɛ メ/ [接] しかし	
		peine /pɛn ペヌ/ [女] 苦労	
au, eau	: /o オ/	aussi /osi オスィ/ [副] …もまた	
		beau /bo ボ/ [形] 美しい	
eu, œu	: /ø ウ/ または /œ ウ/	peu /pø プ/ [副] 少し	
		cœur /kœr クール/ [男] 心臓	
ou	: /u ウ/	poulet /pulɛ プレ/ [男] 鶏肉	
oi	: /wa ワ/	boisson /bwasɔ̃ ボワソン/ [女] 飲み物	

・2文字または3文字でひとつの母音を表します。ローマ字から類推できないルールですね。「えっ、oi で /wa/ と読むの？　なんで？？」という声が聞こえてきそうです。歴史的な経緯を説明しますと、実は12世紀には /ɔi オイ/ と発音して oi と書いていました。ですが、綴りが oi で固まった後も、発音は話しやすいように変化を続けてしまったのです。/ɔi オイ/ → /ue ウエ/ → /wɛ ウェ/ → /wa ワ/ と変遷してきたそうです。このようにして複数の文字列でひとつの母音を表す、学習者泣かせのルールが生まれてしまいました。少しずつ慣れていきましょう！

・/u/ の発音は難しく、できるようになったら初級卒業です！　まず、唇を丸めて少し斜め下方向に突き出します。次に舌の後方を引き、口の奥で「ウ」と発音します。音声を聞きながら何度も発音練習してください。

・/ø/ は /e/ の舌の位置で /o/ の唇をつくるように丸めて発音します。/œ/ は /ɛ/ の舌の位置、/ɔ/ の唇です。/ø/ より大きく口を開くと /œ/ になります。ちなみに、/œ/ を弱く発音すると、先ほど e の読み方で学んだ /ə/ の音になります。

III 鼻母音

an, am, en, em	: /ɑ̃ アン/	ensemble /ɑ̃sɑ̃bl アンサンブル/ 副 一緒に	
in, im, yn, ym	: /ɛ̃ アン（エン）/	vin /vɛ̃ ヴァン/ 男 ワイン	
ain, aim, ein, eim	: /ɛ̃ アン（エン）/	faim /fɛ̃ ファン/ 女 空腹	
un, um	: /œ̃ アン（エン）/	parfum /parfœ̃ パルファン/ 男 香水	
on, om	: /ɔ̃ オン/	bon /bɔ̃ ボン/ 形 よい	

・口を開けたまま鼻から呼気が漏れるように発音します。日本語の「ン」につられて口を閉じないように！

・/ɑ̃/ : /ɑ/ の口で、息を鼻から抜きながら発音。/アン/ に近い音です。

・/ɛ̃/ : /ɛ/ の口で、息を鼻から抜きながら発音。/エン/ に近い音です。

・/œ̃/ : /œ/ の口で息を鼻に抜いた発音ですが、/ɛ̃/ で代用されるのが普通です。

・/ɔ̃/ : /o/ の口で、息を鼻から抜きながら発音。/オン/ に近い音です。

IV 子音

(1) 語末の子音字

単語の最後の子音字は、複数の s を含めて、原則として読みません。
sport /spɔːr スポール/ 男 スポーツ、toilettes /twalɛt トワレト/ 女 複 トイレ

・ただし、c, f, l, r で終わる語は読むことが多くあります。

total /tɔtal トタル/ 形 全体の、mer /mɛr メール/ 女 海

・ではここで、/l ル/ と /r ル/ の発音のコツをお教えします。/l/ では、上前歯の裏に舌先をつけて発音します。/r/ は舌先を下前歯につけ、舌の後ろを持ち上げることで、息の通路を狭くして喉で摩擦音をつくります。うがいはフランス語の /r/ の練習になるでしょう。フランス語学習と風邪予防のために毎日うがいをお忘れなく！

【補足】r の発音記号

・現代フランス語の r は、厳密には /ʁ/（ひっくり返った大文字の R）という発音記号で示し、仏仏辞典ではこちらを用いることが多いので、この発音記号が出てきてもびっくりしないようにしましょう。

(2) 語頭・語中の子音字

```
c 【e, i, y の前】      : /s ス/      ciel /sjɛl スィエル/ 男 空
c 【上記以外】         : /k ク/      colline /kɔlin コリヌ/ 女 丘
ç                      : /s ス/      français /frɑ̃sɛ フランセ/ 男 フランス語
```

・ç には c の下にセディーユ（cédille）がついています。これは「/k/ ではなく /s/ で読みますよ〜」という目印です。

```
g 【e, i, y の前】      : /ʒ ジュ/    courage /kura:ʒ クラージュ/ 男 勇気
g 【上記以外】         : /g グ/      garçon /garsɔ̃ ガルソン/ 男 少年
```

・既にフランス語を勉強したことのある皆さんは manger の活用を書けますか？直説法現在では、je mange, tu manges, il mange, elle mange, on mange, nous mangeons, vous mangez, ils mangent, elles mangent ですね。*nous mangons と書いてしまうと /mɑ̃gɔ̃ マンゴン/ になってしまいます。e を入れるのは、/mɑ̃ʒɔ̃ マンジョン/ と発音させるためなんです。

・/ʒ/ について補足。日本語の「ジュ」では、舌先を最初に上あごにつけて発音します。一方フランス語の /ʒ/ では舌先はどこにもつきません。ぜひ頭の片隅に入れておいてくださいね。

```
s 【母音字＋s＋母音字】   : /z ズ/    poison /pwazɔ̃ ポワゾン/ 男 毒
s 【上記以外】           : /s ス/    sel /sɛl セル/ 男 塩
```

・s は /s/ で発音するのが基本です。母音字に挟まれたときだけ、濁って /z/ になりますよ。では問題です。poisson（魚）はどう読むでしょうか？ （答えは p.34）
・/s/ は「サ」「ス」「ソ」の子音と同じ音です。/si スィ/ が日本語に引きずられて /ʃi シ/ にならないようしっかり区別してください。

h	:発音しない	hier /jɛr イエール/ 副 昨日	
ch	:/ʃ シュ/	chat /ʃa シャ/ 男 猫	
gn	:/ɲ ニュ/	ligne /liɲ リニュ/ 女 線	
th	:/t ト/	thé /te テ/ 男 茶	
ph	:/f フ/	photo /fɔto フォト/ 女 写真	
qu	:/k ク/	question /kɛstjɔ̃ ケスティヨン/ 女 問題	
il, ill	:/(i)j (イ) ユ/	travail /travaj トラヴァイユ/ 男 仕事	
		famille /famij ファミユ/ 女 家族	

・h は読みませんが、2種類あります。前にある単語と音のつながり（リエゾン、エリズィヨン、アンシェヌマン）が発生する「無音のh」と、全く発生しない「有音のh」です。「有音」という言葉は誤解を生みやすいので繰り返しますが、どちらの場合もhは読みません！

l'heure /lœr ルール/ 女 時間（無音のh）

le hérisson /lə-erisɔ̃ ルエリソン/ 男 ハリネズミ（有音のh）

・/ʃ/ は「シャ」「シュ」「ショ」の子音に似た音です。
・/ɲ/ は「ニャ」「ニュ」「ニョ」の子音に似た音です。舌を上あごにつけるように発音します。
・/f/ と /v/ は英語と同じように、上の歯を下唇の内側に当てて発音します。

【補足】半子音

・oi の読み方の変遷で、/ue ウエ/ → /wɛ ウェ/ になったと説明しました。これは、後ろに母音が続く /u/ はすばやく発音したくなるから起きたんです。/u/ をすばやく発音すると自然に半子音 /w/ になります。同様に /y/ から /ɥ/、/i/ から /j/ が作られます。

oui /wi ウィ/ 副 はい

nuit /nɥi ニュイ/ 女 夜

hier /jɛr イエール/ 副 昨日

・/j/ の発音のコツ。/i/ の口を作ってから舌を上に持ち上げてください。日本語のヤ行に似た響きになりますよ。

11

V リエゾン（liaison）

・語末の発音しない子音字を、次の語の初めの母音と連続させて読みます。

un homme /œ̃-nɔm アンノム / 男 ひとりの男

des enfants /de-zɑ̃fɑ̃ デザンファン / 男 複 子供たち

【補足】リエゾンしないとき

・接続詞 et（英語で言う and）の後や、有音の h から始まる単語の前は、絶対にリエゾンしません。

VI アンシェヌマン（enchaînement）

・語の末尾の子音と、次の語の初めの母音を続けて読みます。

avec eux /avɛ-kø アヴェク / 彼らと一緒に

une amie /y-nami ユナミ / 女 女友達

・アンシェヌマンはリエゾンと似ているように見えますが、ちょっと違いがあります。先行する語を単独で読んでも子音字を発音する場合はアンシェヌマン、単独で読んだら子音字を発音しない場合はリエゾンと呼びます。

VII エリズィヨン（élision）

・母音で始まる語の前で、語の末尾の母音字を省略し、アポストロフをつけます。

la + école → l'école /le-kɔl レコル / 女 学校

・ただし、si（もし…なら）は後ろが il や ils の場合のみエリズィヨンします。

s'il　　もし彼が
si elle　もし彼女が

【補足】エリズィヨンしないとき

・有音の h から始まる単語の前は、絶対にエリズィヨンしません。

le héros /lə-ero ルエロ / 男 英雄

VIII 音節 (syllabe)

・音節は、ひとつの母音を中心とする音のまとまりを指します。例えば bon/jour は2音節。bon は母音（鼻母音）で終わるので「開音節」、jour は子音で終わるので「閉音節」といいます。フランス語では基本的に単語の最後の音節を強く発音しますので、bonjour と2音節目を強く読みましょう。

・語末の母音が無音の e の場合、少しだけ読み方に注意が必要です。例えば madame という言葉は、2音節（ma/dame）ですが、2音節目の dame で一番強いのは da の部分で、me はほとんど力が入りません。日本語につられてつい「マダム」と読みそうになりますが、ここは意識して madame と発音しましょう。

・単語の最後に他の子音字が入っていても、音が無音の e であれば、同じように前の部分を強く読みましょう。例：toilettes → toi/lettes

　これで綴りと発音の基本はバッチリです。もちろん一度にすべての規則を覚える必要はありません。あやふやだと感じたら、何度でもここに戻ってきてください。

　それではお待ちかね、単語学習に入ります。音声を聴き、発音記号を読み、声に出して単語を覚えてください。きっと話せる語彙力が身につきます！

001	□□□	une **famille** famij ファミユ	女 家族
002	□□□	des **parents** parã パラン	男 複 両親
003	□□□	un **père** pɛ:r ペール	男 父
004	□□□	un **papa** papa パパ	男 お父さん
005	□□□	une **mère** mɛ:r メール	女 母
006	□□□	une **maman** mamã ママン	女 お母さん
007	□□□	**enfant** ãfã アンファン	名 子供
008	□□□	un **fils** fis フィス	男 息子
009	□□□	une **fille** fij フィユ	女 少女、娘
010	□□□	un **frère** frɛ:r フレール	男 兄弟
011	□□□	une **sœur** sœ:r スール	女 姉妹
012	□□□	**cousin, cousine** kuzɛ̃, -in クザン（ズィヌ）	名 いとこ

□
□ Comment va votre <u>famille</u> ?
□ **ご家族**はお元気ですか？

comment
副 どんな

□
□ Vous voyez souvent vos <u>parents</u> ?
□ **ご両親**と頻繁にお会いになっていますか？

voyez < voir
動 会う

□
□ Mon <u>père</u> est médecin.
□ **父**は医師です

médecin
男 医者

□
□ Tu cherches ton <u>papa</u> ?
□ **お父さん**を探しているの？

chercher
動 探す

□
□ Ma <u>mère</u> est japonaise.
□ **母**は日本人です

japonais
形 日本人の

□
□ <u>Maman</u>, tu peux m'aider ?
□ **お母さん**、手伝ってくれる？

peux < pouvoir
動 英 can

□
□ Je n'aime pas les <u>enfants</u>.
□ 私は**子供**が好きではない

aimer
動 好きである

□
□ Votre <u>fils</u> est toujours à l'étranger ?
□ **息子さん**は今も外国にいらっしゃるのですか？

à l'étranger
外国に

□
□ J'ai une <u>fille</u> de dix ans.
□ 10 歳の**娘**がいます

an
男 歳、年

□
□ Quel âge a ton <u>grand</u> <u>frère</u> ?
□ 君の**お兄さん**は何歳ですか？

grand
形 大きい

□
□ Ma <u>petite sœur</u> est styliste.
□ **妹**はファッションデザイナーだ

petit
形 小さい

□
□ J'ai un <u>cousin</u> en Allemagne.
□ ドイツに**いとこ**が一人いる

Allemagne
女 ドイツ

15

	013	☐☐☐ un **grand-père** grãpɛːr グランペール	男 祖父 (複 grands-pères)
	014	☐☐☐ une **grand-mère** grãmɛːr グランメール	女 祖母 (複 grand(s)-mères)
	015	☐☐☐ des **grands-parents** grãparã グランパラン	男 複 祖父母
	016	☐☐☐ un **petit-fils** p(ə)tifis プティフィス	男 孫息子 (複 petits-fils) ⇒ petits-enfants 男 複 孫たち
	017	☐☐☐ une **petite-fille** p(ə)titfij プティトフィユ	女 孫娘 (複 petites-filles) ⇒ petits-enfants 男 複 孫たち
	018	☐☐☐ un **oncle** ɔ̃kl オンクル	男 おじ
	019	☐☐☐ une **tante** tãːt タント	女 おば
	020	☐☐☐ **ami(e)** ami アミ	名 友だち
	021	☐☐☐ un **garçon** garsɔ̃ ガルソン	男 少年
	022	☐☐☐ un **homme** ɔm オム	男 男性、人間
	023	☐☐☐ une **femme** fam ファム	女 女性、妻
	024	☐☐☐ un **mari** mari マリ	男 夫

☐
☐ Vous avez le bonjour de mon <u>grand-père</u>.
☐ 私の**祖父**からあなたによろしくとのことです

bonjour
男 よろしく

☐
☐ J'adore le couscous de ma <u>grand-mère</u>.
☐ **祖母**のクスクスが大好きだ

adorer
動 大好きである

☐
☐ Mes <u>grands-parents</u> habitent loin.
☐ **祖父母**は遠くに住んでいる

habiter
動 住む

☐
☐ Mon <u>petit-fils</u> vient me voir chaque dimanche.
☐ 毎週日曜日、**孫息子**が私に会いに来る

chaque
形 毎…

☐
☐ Votre <u>petite-fille</u> est bien élevée.
☐ あなたの**孫娘**はお行儀がいいですね

élever
動 育てる

☐
☐ Votre <u>oncle</u> aussi est journaliste ?
☐ あなたの**おじさん**もジャーナリストですか?

aussi
副 …もまた

☐
☐ Ma <u>tante</u> me donne souvent des conseils.
☐ **おば**はよく助言してくれる

conseil
男 助言

☐
☐ J'aime bien boire avec mes <u>amis</u>.
☐ **友だち**と飲むのが好きだ

boire
動 飲む

☐
☐ C'est un <u>garçon</u> très sage.
☐ とてもお利口な**男の子**だ

sage
形 利口な、おとなしい

☐
☐ Les <u>hommes</u> sont des animaux aussi.
☐ **人間**も動物だ

animaux < animal
男 動物

☐
☐ Je vous présente ma <u>femme</u>.
☐ 私の**妻**をご紹介します

présenter A à B
A を B に紹介する

☐
☐ Son <u>mari</u> parle tout le temps !
☐ あの人の**旦那**はおしゃべりだ!

tout le temps
絶えず

17

025	☐☐☐	**madame** madam マダム	女 (既婚女性に対して) …さん (複) mesdames /medam/) ⇒《略》Mme, Mmes	
026	☐☐☐	**mademoiselle** madmwazɛl マドモワゼル	女 (未婚女性に対して) …さん (複) mesdemoiselles /medmwazɛl/) ⇒《略》Mlle, Mlles	
027	☐☐☐	**monsieur** məsjø ムスィュ	男 (男性に対して) …さん (複) messieurs /mesjø/) ⇒《略》M., MM.	
028	☐☐	des **gens** ʒɑ̃ ジャン	男 複 人々	
029	☐☐☐	**copain, copine** kɔpɛ̃, kɔpin コパン, コピヌ	名 恋人、友だち	

030	☐☐☐	la **vie** vi ヴィ	女 人生、生活、生命	
031	☐☐☐	la **mort** mɔːr モール	女 死	
032	☐☐☐	la **naissance** nɛsɑ̃ːs ネサンス	女 誕生、出生	
033	☐☐☐	un **anniversaire** anivɛrsɛːr アニヴェルセール	男 記念日、誕生日	
034	☐☐☐	un **mariage** marjaːʒ マリヤージュ	男 結婚	
035	☐☐☐	un **rêve** rɛːv レーヴ	男 夢	
036	☐☐☐	l' **amour** amuːr アムール	男 愛	

18

☐☐☐ Bonjour, <u>Madame</u> !
こんにちは！

☐☐☐ Vous cherchez quelque chose, <u>Mademoiselle</u> ?
何かお探しですか？

quelque chose
代 何か

☐☐☐ Vous êtes <u>Monsieur</u>... ?
ええと、どなた**さん**ですか？

☐☐☐ Je ne connais pas les <u>gens</u> d'ici.
私はこのあたりの**人**を知りません

connaître
動 知り合いである

☐☐☐ C'est un bon <u>copain</u>.
彼はいい友だちだ

☐☐☐ C'est la <u>vie</u>.
それが**人生**

☐☐☐ Je n'ai pas peur de la <u>mort</u>.
死なんて怖くない

avoir peur de...
…を恐れる

☐☐☐ Votre date de <u>naissance</u>, c'est... ?
あなたの**生年月日**は…？

☐☐☐ C'est quand, ton <u>anniversaire</u> ?
君の**誕生日**はいつ？

quand
副 いつ

☐☐☐ Vous êtes pour le <u>mariage</u> homosexuel ?
同性**婚**に賛成ですか？

pour
前 賛成して

☐☐☐ Mon <u>rêve</u>, c'est de devenir pâtissière.
私の**夢**はパティシエになることだ

devenir
動 （…に）なる

☐☐☐ C'est un gâteau fait avec <u>amour</u>.
愛情を込めて作ったケーキです

fait < faire
動 作る

19

037	le **bonheur** bɔnœːr ボヌール	男 幸福
038	le **malheur** malœːr マルール	男 不幸、不運
039	la **chance** ʃɑ̃ːs シャンス	女 運
040	le **courage** kuraːʒ クラージュ	男 勇気
041	la **colère** kɔlɛːr コレール	女 怒り
042	la **peur** pœːr プール	女 恐怖
043	la **faim** fɛ̃ ファン	女 空腹
044	la **soif** swaf ソワフ	女 喉の渇き
045	le **sommeil** sɔmɛj ソメイユ	男 眠気
046	un **besoin** bəzwɛ̃ ブゾワン	男 必要 ★ avoir besoin de... …が必要だ
047	un **sens**[1] sɑ̃ːs サンス	男 感覚、分別、意味
048	une **envie** ɑ̃vi アンヴィ	女 欲求 ★ avoir envie de... …したい

□
□ Qu'est-ce que c'est, le <u>bonheur</u> ?
□ **幸福**とはいったい何か？

□
□ Ça porte <u>malheur</u>.
□ それは縁起が悪い

porter
動 もたらす

□
□ Vous avez de la <u>chance</u> !
□ **運**がいいですね！

□
□ <u>Courage</u>, vous êtes près du but !
□ **頑張って！** ゴールはもう近いですよ！

but
男 目標

□
□ Je suis <u>en</u> <u>colère</u> contre lui.
□ 私は彼に対して**怒っている**

contre
前 …に対して

□
□ Vous <u>avez</u> <u>peur</u> <u>des</u> chiens ?
□ 犬が**怖い**のですか？

chien
名 犬

□
□ J'<u>ai</u> <u>faim</u>.
□ **お腹が空いた**

□
□ Vous n'<u>avez</u> pas <u>soif</u>, ça va ?
□ **喉が渇いて**いませんか？ 大丈夫ですか？

□
□ Vous <u>avez</u> <u>sommeil</u> ?
□ **眠い**ですか？

□
□ J'<u>ai</u> <u>besoin</u> d'un nouveau smartphone.
□ 新しいスマートフォンが**必要だ**

nouveau
形 新しい

□
□ Mais ça n'a pas de <u>sens</u> !
□ そんなの馬鹿げてる！

□
□ J'<u>ai</u> <u>envie</u> d'aller aux toilettes.
□ トイレに行き**たい**

049	une **maison** mɛzɔ̃ メゾン		女 家
050	une **salle** sal サル		女 部屋
051	une **chambre** ʃɑ̃:br シャンブル		女 寝室 ＊ベッドのある部屋
052	une **cuisine** kɥizin キュイズィヌ		女 台所、料理
053	un **bain** bɛ̃ バン		男 入浴
054	des **toilettes** twalɛt トワレト		女 ⑧ トイレ
055	un **escalier** ɛskalje エスカリエ		男 階段
056	un **étage** eta:ʒ エタージュ		男 階 ＊日本と1階ずつずれる。日本の1階は rez-de-chaussée
057	un **jardin** ʒardɛ̃ ジャルダン		男 庭
058	une **fenêtre** f(ə)nɛtr フネトル		女 窓
059	un **lit** li リ		男 ベッド
060	une **porte** pɔrt ポルト		女 ドア

Ma <u>maison</u> est à vendre.
私の家は売りに出てる

vendre
動 売る

Vous savez où est la <u>salle</u> 203 ?
203教室がどこかご存知ですか？

203
deux cent trois

Ma <u>chambre</u> est assez grande.
私の部屋はまあまあ広い

assez
副 十分に

La <u>cuisine</u> est toute neuve.
台所は真新しい

neuve < neuf
形 新しい

J'ai l'habitude de prendre un <u>bain</u> le soir.
私はいつも夜にお風呂に入る

habitude
女 習慣

Où sont les <u>toilettes</u> ?
トイレはどこですか？

où
副 どこ

Elle prend toujours les <u>escaliers</u>.
彼女はいつも階段を使うようにしている

prend < prendre
動 英 take

Le rayon « hommes » est au deuxième <u>étage</u>.
男性服売り場は3階です

rayon
男 売り場

J'aime bien les <u>jardins</u> japonais.
私は日本庭園が好きです

japonais
形 日本の

Cette chambre n'a pas de <u>fenêtres</u>.
この部屋は窓がありません

chambre
女 寝室

Mon chat dort déjà sur le <u>lit</u>.
私の猫はもうベッドの上で寝ている

dort < dormir
動 寝る

Je ne peux pas ouvrir cette <u>porte</u>.
私はこの扉を開けられません

peux < pouvoir
動 英 can

仏検
5
級
名詞

■ 1. 知り合ったばかりの2人の会話

A : Vous avez des <u>frères</u> et <u>sœurs</u> ?
B : Oui, j'ai un grand frère et une petite sœur.

A : 兄弟や姉妹はいるんですか？
B : はい、兄と妹がいます。

弟は **un petit frère**、姉は **une grande sœur** です。「ひとりっ子です」と答える場合、男性なら « Je suis fils unique. »、女性なら « Je suis fille unique. » と言います。

■ 2. 気になるあの人の情報を探って…

A : Léa, elle a un petit <u>ami</u> ?
B : Oui, je crois bien qu'elle a un <u>copain</u>.

A : レアって、彼氏いるの？
B : うん、確かいたような気がする。

ami(e) の前に形容詞 petit(e) をつけると「恋人」の意味になります。un copain / une copine は「友だち」と「恋人」の両方の意味があり得るので、状況で判断しましょう。

■ 3. 友だち数人で豪華な誕生日プレゼントを贈って

A : Bon <u>anniversaire</u>, Théo !
B : Oh merci ! J'ai vraiment de la <u>chance</u> d'avoir des amis comme
    vous !

A : 誕生日おめでとう、テオ！
B : ありがとう！　君たちみたいな友だちがいて、僕は本当にラッキーだよ。

bon anniversaire の発音に注意！　bon は通常 /bɔ̃ ボン/ と読みますが、ここで
は後ろとつながって /bona ボナ/ となりますよ。

■ 4. 初めてのフランス旅行。ホテルのロビーにて

A : Bonjour, j'ai réservé une <u>chambre</u> au nom de Sato.
B : Monsieur Sato... oui, une chambre à deux <u>lits</u>, pour trois nuits.

A : すみません、佐藤で部屋を予約したのですが…。
B : はい、佐藤さまですね。ツインのお部屋で3泊ですね。

シングルルームは une chambre à un lit または une chambre simple と言い
ます。ダブルベッドのある客室は、une chambre à lit double また une
chambre double と言います。

être

je **suis**	nous **sommes**
tu **es**	vous **êtes**
il / elle / on **est**	ils / elles **sont**

現在分詞
étant

過去分詞
été

1. **(a)**〈英 be〉英語の be 動詞と同じで、一番重要な働きは「前と後ろをつなぐ」こと。「A ＝ B」が基本です。B を A に性数一致させるのを忘れずに!

Je suis japonais(e).　私は日本人です。《私 ＝ japonais(e)》

(b)〈場所〉物 / 人が「(どこどこに) ある / いる」と言いたいときにも使えます。

Les toilettes, c'est là ?　トイレって、そこですか?《トイレ ＝ là》

2.「主語＝(前置詞＋名詞)」のパターン。主語と前置詞句をつなぐ役割をします。

(a)〈**être à...**〉所有の à ; …のものだ

Ce chapeau est à moi.　この帽子は私のものです。《帽子 ＝ à moi》

(b)〈**être de...**〉由来を表す de ; …の出身だ

Je suis de Sendai.　仙台 (市) 出身です。《私 ＝ de Sendai》

(c)〈**être en...**〉ひとつの状態を描く en ; …の状態だ、…でできている

Le musée est en travaux.　美術館は工事中だ。

《美術館 ＝ en travaux》

3.〈**il est...**〉特に意味のない il (非人称代名詞) を主語にすれば、時間などを示すことができます。

Excusez-moi, il est quelle heure ?　すみません、いま何時ですか?

《時間 ＝ quelle heure》

avoir

j' **ai**	nous **avons**
tu **as**	vous **avez**
il / elle / on **a**	ils / elles **ont**

現在分詞
ayant

過去分詞
eu

1. 〈英 **have**〉所有を表します。

J'ai trois chats.　猫3匹を飼っている。

2. 〈人の特徴〉主に身体的・精神的特徴がある人に備わっているというときに使います。

Il a les yeux bleus.　彼は青い目をしている。

3. 〈年齢〉フランス語話者には「年齢も所有できるもの」という感覚があるため、avoir を用います。英語と違って、être を使いませんので注意!

J'ai trente ans.　30 歳です。

4. 〈英 **get**〉何かをもらったり、手に入れたりするときにも avoir を用います。

Tu as eu beaucoup de cadeaux ?　プレゼントはたくさんもらったかい?

5. 〈予想外の出来事〉予期せぬ事故に遭うとき、あるいは思いがけない幸運に巡り合うときにも。

L'avion a deux heures de retard.　飛行機が2時間遅れている。

6. 〈**il y a...**〉存在を表す便利な表現が il y a です。英語の there is / there are に相当します。主語はいつも il です。× ils y ont にはしないでくださいね!

Il y a un livre sur la table.　机の上に本が一冊ある。

Il y a des livres sur la table.　机の上に本が数冊ある。

061	☐☐☐	une **clef** kle クレ	囡 鍵 ＊clé ともつづる
062	☐☐☐	une **table** tabl タブル	囡 テーブル
063	☐☐☐	une **chaise** ʃɛːz シェーズ	囡 椅子
064	☐☐☐	un **téléphone** telefɔn テレフォヌ	男 電話
065	☐☐☐	une **télévision** televizjɔ̃ テレヴィズィヨン	囡 テレビ ⇒《略》télé
066	☐☐☐	une **radio** radjo ラディヨ	囡 ラジオ
067	☐☐☐	un **ordinateur** ɔrdinatœːr オルディナトゥール	男 コンピュータ
068	☐☐☐	un **stylo** stilo スティロ	男 ペン
069	☐☐☐	un **crayon** krɛjɔ̃ クレヨン	男 鉛筆
070	☐☐☐	un **papier** papje パピエ	男 紙
071	☐☐☐	une **gomme** gɔm ゴム	囡 消しゴム
072	☐☐☐	un **cahier** kaje カイエ	男 ノート

☐
☐ Tu as les <u>clefs</u> de la voiture ?
☐ 車の鍵を持っているかい？

voiture
囡 車

☐
☐ Ton journal est sur la <u>table</u>.
☐ 君の新聞は**テーブル**の上にあるよ

journal
男 新聞

☐
☐ Cette <u>chaise</u> n'est pas confortable.
☐ この**椅子**は座り心地がよくない

confortable
形 快適な

☐
☐ Je peux avoir votre numéro de <u>téléphone</u> ?
☐ 電話番号を伺ってもいいですか？

peux < pouvoir
動 英 can

☐
☐ On le voit souvent à la <u>télévision</u>.
☐ 彼を**テレビ**でよく見かける

voit < voir
動 見る

☐
☐ J'écoute la <u>radio</u> sur Internet.
☐ 私はインターネット上で**ラジオ**を聴きます

écouter
動 聞く

☐
☐ Vous n'avez pas d'<u>ordinateur</u> ?
☐ **コンピュータ**を持っていないのですか？

☐
☐ Est-ce que vous avez un <u>stylo</u> ?
☐ **ペン**をお持ちですか？

☐
☐ Je fais un dessin au <u>crayon</u>.
☐ **鉛筆**で絵を描く

fais < faire
動

☐
☐ Il n'y a plus de <u>papier</u> toilette.
☐ トイレット**ペーパー**がもうありません

ne... plus
もう…ない

☐
☐ A qui est cette <u>gomme</u> ?
☐ この**消しゴム**は誰の？

qui
代 誰

☐
☐ Je dois acheter un nouveau <u>cahier</u>.
☐ 新しい**ノート**を買わないと

acheter
動 買う

29

073	une **chose** ʃoːz ショーズ	女 もの、こと
074	un **vêtement** vɛtmɑ̃ ヴェトマン	男 服
075	une **robe** rɔb ロブ	女 ドレス
076	une **chemise** ʃ(ə)miːz シュミーズ	女 シャツ
077	une **veste** vɛst ヴェスト	女 上着、ジャケット
078	un **chapeau** ʃapo シャポ	男 帽子 (複 chapeaux)
079	des **lunettes** lynɛt リュネット	女 複 メガネ
080	une **montre** mɔ̃ːtr モントル	女 腕時計
081	une **cravate** kravat クラヴァット	女 ネクタイ
082	une **chaussure** ʃosyːr ショスュール	女 靴
083	un **pantalon** pɑ̃talɔ̃ パンタロン	男 ズボン
084	une **jupe** ʒyp ジュプ	女 スカート

☐ Il y a beaucoup de <u>choses</u> à manger. ☐ 食べ**物**がたくさんある	manger 動 食べる
☐ Elle n'a que des <u>vêtements</u> noirs. ☐ 彼女は黒い**服**しか持っていない	ne... que... …しか…ない
☐ Je cherche une <u>robe</u> de soirée. ☐ パーティー**ドレス**を探しています	soirée 女 (夜の) パーティー
☐ Ta <u>chemise</u> est sale ! ☐ 君の**シャツ**、汚いよ！	sale 形 汚い
☐ Je peux avoir votre <u>veste</u> ? ☐ **ジャケット**をお預かりしてもよろしいですか？	peux < pouvoir 動 英 can
☐ Votre <u>chapeau</u> est très élégant. ☐ あなたの**帽子**はとても上品でおしゃれですね	élégant 形 おしゃれな
☐ Je ne trouve pas mes <u>lunettes</u>. ☐ **メガネ**が見つからない	trouver 動 見つける
☐ On a la même <u>montre</u>. ☐ 私たちは同じ**時計**を持っている	même 形 同じ
☐ Ta <u>cravate</u> est trop courte ! ☐ 君の**ネクタイ**は短すぎ！	court 形 短い
☐ Ces <u>chaussures</u> sont un peu petites. ☐ この**靴**はちょっと小さい	un peu 副 少し、ちょっと
☐ Je n'entre plus dans ce <u>pantalon</u>. ☐ この**ズボン**はもう入らない	entrer 動 入る
☐ Cette <u>jupe</u> lui va bien. ☐ この**スカート**は彼女に似合っている	va < aller 動

31

身の回り品	085	une **poche** pɔʃ ポシュ	囡 ポケット
	086	un **sac** sak サク	男 かばん
	087	une **valise** valiːz ヴァリーズ	囡 スーツケース
	088	un **parfum** parfœ̃ パルファン	男 香水
飲食	089	un **petit déjeuner** pətideʒœne プティデジュネ	男 朝食 (履 petits déjeuners)
	090	un **déjeuner** deʒœne デジュネ	男 昼食
	091	un **dîner** dine ディネ	男 夕食
	092	une **boisson** bwasɔ̃ ボワソン	囡 飲み物
	093	une **bouteille** butɛj ブテイユ	囡 びん、ボトル
	094	un **verre** vɛːr ヴェール	男 グラス
	095	le **vin** vɛ̃ ヴァン	男 ワイン
	096	la **bière** bjɛːr ビエール	囡 ビール

Ce manteau n'a pas de <u>poches</u>.
このコートは**ポケット**がない

J'aime bien les <u>sacs</u> en cuir.
革の**かばん**が好きだ

cuir
男 革

Vous avez combien de <u>valises</u> ?
スーツケースはおいくつですか？

combien
副 いくつの

Tu aimes mon nouveau <u>parfum</u> ?
私の新しい**香水**は気に入った？

nouveau
形 新しい

Elle mange des céréales au <u>petit</u> <u>déjeuner</u>.
彼女は**朝食**にシリアルを食べる

céréale
女《複》シリアル

Après le <u>déjeuner</u>, je fais une sieste.
昼食の後私は**昼寝**をする

sieste
女 昼寝

On regarde la télé pendant le <u>dîner</u>.
私たちは**夕食**の間テレビを見る

pendant
前 …の間に

Qu'est-ce que vous prenez comme <u>boissons</u> ?
お飲み物は何になさいますか？

prenez < prendre
動 英 take

Toutes ces <u>bouteilles</u> de vin, c'est à toi ?
これらのワイン**ボトル**は全部君のものかい？

vin
男 ワイン

Je prends un dernier <u>verre</u> et je rentre.
最後の1**杯**を飲んだら私は帰るよ

dernier
形 最後の

C'est un <u>vin</u> blanc sec.
これは辛口の白**ワイン**だ

sec
形 (ワインが) 辛口の

Il y a un pack de <u>bières</u> au frigo.
冷蔵庫に**ビール**が1ケースある

frigo
男 冷蔵庫

飲食				
097	☐☐☐	le **café** kafe カフェ		男 コーヒー
098	☐☐☐	le **thé** te テ		男 茶
099	☐☐☐	le **lait** lɛ レ		男 牛乳
100	☐☐☐	l' **huile** ɥil ユイル		女 油
101	☐☐☐	le **beurre** bœ:r ブール		男 バター
102	☐☐☐	un **œuf** œf ウフ		男 卵 (複 **œufs** /ø/)
103	☐☐☐	la **viande** vjɑ̃:d ヴィアンド		女 肉
104	☐☐☐	le **porc** pɔ:r ポール		男 豚肉、豚
105	☐☐☐	le **poulet** pulɛ プレ		男 鶏肉、若鶏
106	☐☐☐	le **bœuf** bœf ブフ		男 牛肉、牛 (複 **bœufs** /bø/)
107	☐☐☐	le **poisson** pwasɔ̃ ポワソン		男 魚
108	☐☐☐	un **légume** legym レギュム		男 野菜

☐☐☐ J'ai besoin d'un café pour me réveiller.
目を覚ますために**コーヒー**が必要だ

se réveiller
代動 目が覚める

☐☐☐ Elle est amoureuse du thé vert japonais.
彼女は日本の緑**茶**に夢中だ

vert
形 緑の

☐☐☐ Il boit du lait chaud avant de dormir.
彼は寝る前にホット**ミルク**を飲む

chaud
形 熱い

☐☐☐ Il reste de l'huile d'olive ?
オリーブ**オイル**は残っている？

Il reste...
…が残る

☐☐☐ Je mets du beurre dans la poêle.
フライパンに**バター**を入れる

poêle
女 フライパン

☐☐☐ Tu aimes les œufs sur le plat ?
目玉焼きは好き？

œuf sur le plat
目玉焼き

☐☐☐ Il ne mange plus de viande, maintenant.
今では彼は**肉**を食べなくなった

maintenant
副 今

☐☐☐ On prend des nems au porc ?
豚春巻きを食べようか？

nem
男 ベトナム風春巻き

☐☐☐ Je prépare un poulet rôti.
ロースト**チキン**を作ります

préparer
動 調理する

☐☐☐ C'est bon, le bœuf de Kobé ?
神戸**ビーフ**って美味しいの？

☐☐☐ Ce poisson est très rare.
この**魚**はとても珍しい

rare
形 珍しい

☐☐☐ Vous ne mangez pas assez de légumes !
野菜を十分に食べていませんね！

assez de...
十分な…

109	☐☐☐ une **tomate** tɔmat トマト	女 トマト
110	☐☐☐ un **citron** sitrɔ̃ スィトロン	男 レモン
111	☐☐☐ une **salade** salad サラド	女 サラダ
112	☐☐☐ le **pain** pɛ̃ パン	男 パン
113	☐☐☐ la **soupe** sup スプ	女 スープ
114	☐☐☐ un **plat** pla プラ	男 料理、メイン
115	☐☐☐ le **sel** sɛl セル	男 塩
116	☐☐☐ un **fruit** frɥi フリュイ	男 果物
117	☐☐☐ une **pomme** pɔm ポム	女 リンゴ ★ pomme de terre ジャガイモ
118	☐☐☐ une **poire** pwa:r ポワール	女 洋梨
119	☐☐☐ une **orange** ɔrɑ̃:ʒ オランジュ	女 オレンジ
120	☐☐☐ une **banane** banan バナヌ	女 バナナ

☐
☐ Tu es rouge comme une <u>tomate</u> !
☐ 君は**トマト**のように赤くなっているよ！

rouge
形 赤い

☐
☐ Vous pouvez mettre une rondelle de <u>citron</u> ?
☐ **レモン**をひと切れ入れてくれますか？

rondelle
女 輪切り

☐
☐ Je prends une grande <u>salade</u>.
☐ 大きい**サラダ**にします

prends < prendre
動 英 take

☐
☐ Est-ce qu'on peut avoir du <u>pain</u> ?
☐ **パン**をもらっていいですか？

peut < pouvoir
動 英 can

☐
☐ Tu n'aimes pas la <u>soupe</u> aux lentilles ?
☐ レンズ豆の**スープ**が好きじゃないの？

lentille
女 レンズ豆

☐
☐ C'est un <u>plat</u> très raffiné.
☐ これはとても洗練された**料理**です

raffiner
動 洗練させる

☐
☐ Je trouve que ça manque de <u>sel</u>.
☐ これは**塩**が足りないと思う

manquer de...
…が不足している

☐
☐ On n'a que des <u>fruits</u>, pour le dessert.
☐ デザートには**フルーツ**しかありません

dessert
男 デザート

☐
☐ Cette <u>pomme</u> est acide !
☐ この**リンゴ**は酸っぱい！

acide
形 酸っぱい

☐
☐ Ces <u>poires</u> sont pourries.
☐ これらの**洋梨**は腐っている

pourri
形 腐った

☐
☐ Un jus d'<u>orange</u>, s'il vous plaît.
☐ **オレンジ**ジュースをひとつお願いします

jus
男 ジュース

☐
☐ Cette <u>banane</u> vient des Philippines.
☐ この**バナナ**はフィリピン産です

vient < venir
動

■ 5. カフェにて

A : Excusez-moi, j'ai trouvé ce <u>téléphone</u> sur la <u>table</u> à côté...

B : Ah, je vais le prendre, merci.

A : すみません、隣のテーブルにこの電話が置いてあったのを見つけたんですけど…。

B : あ、お預かりしますね。ありがとうございます。

携帯電話は un téléphone portable と言いますが、略して un portable と呼ぶことがよくあります。ちなみにスマートフォンは un smartphone です。

■ 6. 家にテレビを置くべきかどうかという話題で

A : On n'a pas de <u>télé</u> chez nous.

B : C'est dommage, parfois il y a des <u>choses</u> intéressantes à voir, tu sais ?

A : うちはテレビがないんです。

B : それはもったいない。たまに面白い番組もあるんですよ。

la télé は la télévision の略語で、会話では頻繁に使われます。choses intéressantes à voir は直訳すると「見るのが面白いもの」。tu sais は相手を納得させるために使う決まり文句です。

■ 7. バーゲンセールが始まって

A : Tu as fait les soldes ?

B : Oui, j'ai acheté deux <u>chemises</u> et une <u>veste</u> pour le boulot.

A : セールに行ってきたの？

B : うん、シャツ2枚とジャケット1着を買ったよ。仕事用に。

les soldes はフランスで年2回、夏と冬に開催されるバーゲンセールのこと。le boulot は「仕事」「職場」を意味する俗語で、会話では le travail より頻繁に使われます。

■ 8. レストランで注文

A : « Entrée-<u>plat</u> » ou « <u>plat</u>-dessert » ?

B : Euh... « entrée-plat » pour moi, avec une <u>salade</u> niçoise et une entrecôte... saignante.

A : コースは前菜とメインにしますか？　それともメインとデザートで？

B : ええと、前菜とメインで。ニース風サラダとリブステーキを…。焼き方はレアで。

レストランで焼き加減（la cuisson）をたずねられることがあります。saignant(e)「レア」、à point「ミディアム」、bien cuit(e)「ウェルダン」といった語句を使って、店員さんにお好みの焼き加減を伝えましょう。

regarder

見る
〈英 watch, look at〉

je **regarde**	nous **regardons**
tu **regardes**	vous **regardez**
il / elle / on **regarde**	ils / elles **regardent**

現在分詞
regardant

過去分詞
regardé

1. …を見る

「注意して意識的に見る」ときに用い、積極的な行為を表します。

📖 使い分けコラム

Je regarde souvent des vidéos sur Internet.
ネット上でよく動画を見ている。

2. …に関係がある

主に否定形で「あなたに関係がない」と言うときに。プライベートなことを聞かれたときに、そのことを教えるつもりはないという意思表示ができます。

Ça ne vous regarde pas !　あなたには関係ないことですから！

3. 〈se regarder〉自分の姿を見る

Mon père se regarde dans la glace tous les matins.
父は毎朝、鏡で自分の姿を見ている。

4. 〈se regarder〉見つめ合う

Ces deux-là, ils se regardent depuis tout à l'heure.
あの二人はさっきから見つめ合っている。

voir

見える
〈英 see〉

je **vois**	nous **voyons**
tu **vois**	vous **voyez**
il / elle / on **voit**	ils / elles **voient**

現在分詞
voyant

過去分詞
vu

1. …が見える
「自然に目に入る」ときに用います。

D'ici, on voit bien le mont Fuji.　ここからは、富士山がよく見える。

2. …を見物する　📣 使い分けコラム

On a vu un film d'horreur.　みんなでホラー映画を見た。

3. …に会う

Il va voir un ami.　彼はこれから友だちに会いに行く。

4. …がわかる

Je ne vois pas qui c'est.　あの人が誰かわからない。

上手に
使い分けよう！

regarder か voir か?

J'ai regardé un film.
映画を見るという行為をした。《見るという「アクション」を重視》

J'ai vu un film.
映画を見るという体験をした。《見るという「経験」を重視》

飲食

121	une **fraise** frɛːz フレーズ	囡 イチゴ
122	un **raisin** rɛzɛ̃ レザン	男 ブドウ
123	le **riz** ri リ	男 米
124	le **blé** ble ブレ	男 小麦
125	une **glace** glas グラス	囡 アイスクリーム
126	le **fromage** frɔmaːʒ フロマージュ	男 チーズ

方向

127	l' **est** ɛst エスト	男 東
128	l' **ouest** wɛst ウェスト	男 西
129	le **sud** syd スュド	男 南
130	le **nord** nɔːr ノール	男 北
131	la **droite** drwat ドロワト	囡 右 ⇒ droit 副 まっすぐに
132	la **gauche** goːʃ ゴーシュ	囡 左

☐
☐ Ces <u>fraises</u> sont excellentes.
☐ これらの**イチゴ**は素晴らしい

excellent
形 優れた

☐
☐ On trouve ce <u>raisin</u> surtout en Turquie.
☐ この**ブドウ**は特にトルコで見られる

surtout
副 とりわけ

☐
☐ Je fais cuire du <u>riz</u>.
☐ **米**を火にかける

cuire
動 焼く、煮る

☐
☐ Le <u>blé</u> complet, c'est bon pour la santé ?
☐ 全粒粉は健康によいのだろうか？

complet
形 完全な

☐
☐ Nous n'avons plus de <u>glaces</u> à la vanille.
☐ バニラ**アイス**は売り切れました

vanille
女 バニラ

☐
☐ Vous pouvez m'apporter la carte des <u>fromages</u> ?
☐ **チーズ**のメニューを持ってきてくれますか？

apporter
動 持ってくる

☐
☐ L'Allemagne est à l'<u>est</u> de la France.
☐ ドイツはフランスの**東**にある

Allemagne
女 ドイツ

☐
☐ La Bretagne est dans l'<u>ouest</u> de la France.
☐ ブルターニュはフランス**西部**にある

☐
☐ Nice est dans le <u>sud</u> de la France.
☐ ニースはフランス**南部**にある

☐
☐ Le Royaume-Uni est au <u>nord</u> de la France.
☐ イギリスはフランスの**北**にある

Royaume-Uni
男 イギリス

☐
☐ Qui est cette personne, à <u>droite</u> de lui ?
☐ 彼の**右**のこの人は誰？

personne
女 人

☐
☐ Au Japon, on roule à <u>gauche</u>.
☐ 日本では車は**左**側通行だ

rouler
動 （車が）走る

133	☐☐☐	un **voyage** vwaja:ʒ ヴォワヤージュ	男 旅行
134	☐☐☐	**voyageur, voyageuse** vwajaʒœːr, -øːz ヴォワヤジュール（ズ）	名 旅行者
135	☐☐☐	**touriste** turist トゥリスト	名 観光客
136	☐☐☐	un **séjour** seʒuːr セジュール	男 滞在
137	☐☐☐	un **monde** mɔ̃:d モンド	男 世界、人々 ★ tout le monde 　みんな、全員
138	☐☐☐	un **pays** pei ペイ	男 国
139	☐☐☐	une **culture** kyltyːr キュルチュール	女 文化
140	☐☐☐	une **vue** vy ヴュ	女 眺め、視覚
141	☐☐☐	un **plan** plɑ̃ プラン	男 地図、計画
142	☐☐☐	un **passeport** paspɔːr パスポール	男 パスポート
143	☐☐☐	une **absence** apsɑ̃:s アプサンス	女 留守
144	☐☐☐	une **rencontre** rɑ̃kɔ̃:tr ランコントル	女 出会い

☐
☐ C'est un <u>voyage</u> pas comme les autres !
☐ それは普通とは違った**旅行**だ！

comme les autres
ありふれた

☐
☐ L'aéroport est plein de <u>voyageurs</u>.
☐ 空港は**旅行者**でいっぱいだ

plein
形 満ちた

☐
☐ Les <u>touristes</u> sont de plus en plus nombreux.
☐ **観光客**は増える一方だ

de plus en plus
ますます

☐
☐ Je fais un <u>séjour</u> linguistique aux Etats-Unis.
☐ アメリカで語学**留学**をしています

linguistique
形 言語に関する

☐
☐ Il y a un <u>monde</u> fou ici !
☐ ここにすごくたくさんの**人**がいる！

fou
形 ものすごい

☐
☐ Vous venez de quel <u>pays</u> ?
☐ どの**国**からいらしたのですか？

venez < venir
動

☐
☐ C'est un spécialiste de la <u>culture</u> chinoise.
☐ 中国**文化**の専門家である

chinois
形 中国の

☐
☐ Il y a une <u>vue</u> superbe, d'ici.
☐ ここから**絶景**が見える

superbe
形 美しい

☐
☐ Je cherche un <u>plan</u> de la ville.
☐ 街の**地図**を探しています

ville
女 街

☐
☐ Tu ne trouves plus ton <u>passeport</u> ?
☐ 君の**パスポート**が見当たらないの？

trouver
動 見つける

☐
☐ En son <u>absence</u>, je le remplace.
☐ 彼の**留守**中は私が代わりを務めます

remplacer
動 代理をする

☐
☐ Je me souviens bien de notre <u>rencontre</u> !
☐ 私たちの**出会い**をよく覚えているよ！

se souvenir de...
…を覚えている

145	une **gare** ga:r ガール	女 （大きな）駅
146	un **train** trɛ̃ トラン	男 列車
147	une **station** stasjɔ̃ スタスィヨン	女 （地下鉄などの）駅
148	le **métro** metro メトロ	男 地下鉄
149	un **vélo** velo ヴェロ	男 自転車
150	une **voiture** vwaty:r ヴォワチュール	女 自動車
151	un **taxi** taksi タクスィ	男 タクシー
152	un **bus** bys ビュス	男 バス
153	un **arrêt** arɛ アレ	男 停留所
154	un **bateau** bato バト	男 船 (複 bateaux)
155	un **avion** avjɔ̃ アヴィヨン	男 飛行機
156	une **moto** mɔto モト	女 バイク

46

☐
☐ Le musée d'Orsay est une <u>gare</u>, à la base.
☐ オルセー美術館はもともと**駅舎**だ

| à la base |
| もともとは |

☐
☐ On prend le <u>train</u> de neuf heures cinq.
☐ 9時5分の**電車**に乗ります

| prend < prendre |
| 動 英 take |

☐
☐ La <u>station</u> n'a qu'une sortie.
☐ その**駅**は出口がひとつしかない

| sortie |
| 女 出口 |

☐
☐ C'est une nouvelle ligne de <u>métro</u>.
☐ それは**地下鉄**の新線です

| ligne |
| 女 線 |

☐
☐ Il arrive enfin à monter à <u>vélo</u> !
☐ 彼はようやく**自転車**に乗れるようになった！

| arriver à... |
| …できるようになる |

☐
☐ Où est-ce que tu vas garer la <u>voiture</u> ?
☐ どこに**車**をとめるの？

| garer |
| 動 駐車させる |

☐
☐ On va y aller en <u>taxi</u>.
☐ そこには**タクシー**で行こう

| y |
| 代 そこに |

☐
☐ Le <u>bus</u> est en retard de cinq minutes.
☐ その**バス**は5分遅れています

| retard |
| 男 遅れ |

☐
☐ « Prochain <u>arrêt</u> : Opéra. »
☐ 次の**停留所**はオペラです

| prochain |
| 形 次の |

☐
☐ Ça doit être un <u>bateau</u> de pêche.
☐ それは**漁船**に違いない

| pêche |
| 女 漁 |

☐
☐ Son rêve, c'est d'être pilote d'<u>avion</u>.
☐ 彼（女）の夢、それは**飛行機**のパイロットになること

| rêve |
| 男 夢 |

☐
☐ Tu as le permis <u>moto</u> ?
☐ **バイク**の免許証を持っている？

| permis |
| 男 免許証 |

交通	157	☐☐☐ une **grève** grɛːv グレーヴ	女 ストライキ
	158	☐☐☐ un **ticket** tikɛ ティケ	男 切符、チケット
街・施設	159	☐☐☐ une **ville** vil ヴィル	女 街
	160	☐☐☐ un **village** vilaːʒ ヴィラージュ	男 村
	161	☐☐☐ un **marché** marʃe マルシェ	男 市場
	162	☐☐☐ un **restaurant** rɛstɔrɑ̃ レストラン	男 レストラン
	163	☐☐☐ une **boutique** butik ブティク	女 (小規模な) 店
	164	☐☐☐ un **magasin** magazɛ̃ マガザン	男 (一般的に) 商店
	165	☐☐☐ une **boulangerie** bulɑ̃ʒri ブランジュリ	女 パン屋
	166	☐☐☐ une **pâtisserie** patisri パティスリ	女 ケーキ屋
	167	☐☐☐ une **boucherie** buʃri ブシュリ	女 肉屋
	168	☐☐☐ une **librairie** librɛri リブレリ	女 本屋

☐☐☐ Tous les transports en commun sont en <u>grève</u>.
すべての公共交通機関は**ストライキ**中だ

transport
男《複》交通機関

☐☐☐ Il ne trouve plus son <u>ticket</u> !
彼は**切符**が見つからない！

trouver
動 見つける

☐☐☐ Elle veut retourner dans sa <u>ville</u> natale.
彼女は生まれ故郷の**街**に戻りたい

natal
形 生まれた所の

☐☐☐ C'est un <u>village</u> avec beaucoup de charme.
それは魅力いっぱいの**村**だ

charme
男 魅力

☐☐☐ Je vais faire quelques courses au <u>marché</u>.
市場にちょっと買い物をしに行く

courses
女《複》買い物

☐☐☐ C'est un <u>restaurant</u> étoilé !
それは星つき**レストラン**だ！

étoilé
形 星のついた

☐☐☐ Encore une <u>boutique</u> de souvenirs !
またおみやげ**屋さん**だ！

souvenir
男 記念品

☐☐☐ Elle veut aller dans un <u>magasin</u> de jouets.
彼女はおもちゃ**屋さん**に行きたい

jouet
男 おもちゃ

☐☐☐ Je prends une baguette à la <u>boulangerie</u>.
パン屋でバゲットを1本買う

baguette
女 フランスパン

☐☐☐ Une nouvelle <u>pâtisserie</u> vient d'ouvrir.
新しい**お菓子屋**がオープンしたばかりだ

venir de...
…したばかりだ

☐☐☐ Ils achètent leur viande à la <u>boucherie</u>.
彼らは**肉屋**で肉を買う

viande
女 肉

☐☐☐ Je préfère les petites <u>librairies</u>.
私は小さい**本屋**の方が好きだ

préférer
動 より好む

169	un **musée** myze ミュゼ	男 美術館
170	une **bibliothèque** biblijɔtɛk ビブリヨテク	女 図書館
171	un **cinéma** sinema スィネマ	男 映画館 ⇒《略》ciné
172	une **église** egli:z エグリーズ	女 教会
173	un **château** ʃɑto シャト	男 城 (複 châteaux)
174	un **hôpital** ɔpital オピタル	男 病院 (複 hôpitaux /ɔpito/)
175	un **hôtel** otɛl オテル	男 ホテル
176	une **poste** pɔst ポスト	女 郵便局
177	une **banque** bɑ̃:k バンク	女 銀行
178	une **place** plas プラス	女 広場、座席
179	un **parc** park パルク	男 公園
180	une **tour** tu:r トゥール	女 塔

☐☐☐ Ce tableau est dans un <u>musée</u> belge.
この絵はベルギーの**美術館**にある

belge
形 ベルギーの

☐☐☐ Je travaille mieux à la <u>bibliothèque</u>.
図書館の方が、勉強がはかどる

mieux
副 よりよく

☐☐☐ Tu m'attends devant le <u>ciné</u> ?
映画館の前で待っててくれる?

attends < attendre
動 待つ

☐☐☐ Ils vont se marier à l'<u>église</u>.
彼らは**教会**で結婚する予定だ

se marier
代動 結婚する

☐☐☐ Qui habite dans ce <u>château</u> ?
あの**城**には誰が住んでいるんだ?

habiter
動 住む

☐☐☐ Ton père est à l'<u>hôpital</u>.
君のお父さんは**病院**にいる

☐☐☐ Tu te souviens de l'adresse de l'<u>hôtel</u> ?
ホテルの住所を覚えているかい?

se souvenir de...
…を覚えている

☐☐☐ Il va récupérer un colis à la <u>poste</u>.
彼は**郵便局**へ小包を取りに行く

récupérer
動 回収する

☐☐☐ Vous êtes à quelle <u>banque</u> ?
どちらの**銀行**をお使いですか?

quelle < quel
形 どの、何

☐☐☐ Tout le monde danse sur la <u>place</u>.
その**広場**でみんな踊っている

danser
動 踊る

☐☐☐ Ils emmènent leur fils au <u>parc</u>.
彼らは息子を**公園**に連れて行く

emmener
動 連れて行く

☐☐☐ La <u>tour</u> Eiffel fait trois cent vingt-quatre mètres.
エッフェル**塔**は 324 メートルだ

fait < faire
動

仏
検

5
級 名詞

■ 9. 空港まで迎えに来てくれた知り合いと

A : Vous avez fait bon <u>voyage</u> ?
B : Oui, mais on a eu un peu de retard, à cause d'une <u>grève</u>.

A : 快適な旅でしたか？
B : はい。ただ、ストライキのせいでちょっと遅刻しましたね。

faire bon voyage は決まった言い方で、不定冠詞 un を入れません。

■ 10. 父親が子供にクイズを出す

A : Est-ce que tu sais quelle est la plus grande <u>ville</u> du <u>monde</u> ?
B : Tu veux dire la plus peuplée ? C'est Tokyo, non ?

A : 世界で一番大きい都市はどこか知ってる？
B : 大きいって、人口が一番という意味？　東京なんじゃないの？

「世界で一番大きい街」は、la plus grande ville <u>au</u> monde と言うこともできます。vouloir dire は「意味がある」「言わんとしている」という意味です。

■ 11. 出かける前の会話

A : On prend le <u>bus</u> ou le <u>métro</u> ?
B : Le <u>métro</u> : c'est plus rapide.

A : 地下鉄に乗る？　それともバス？
B : 地下鉄に乗ろう。その方が速い。

「電車で」「バスで」と言いたいときは前置詞 en を使って、en train / en bus と表現します。

■ 12. カフェで、現金が足りないことに気づいて

A : Où est-ce que je peux trouver un distributeur dans le coin ?
B : Il y a une <u>banque</u> juste en face, à côté de la <u>boulangerie</u>.

A : この辺で ATM ってありますかね？
B : 向いに銀行がありますよ。パン屋さんの隣です。

un distributeur はあらゆる販売機を指しますが、un distributeur automatique de billets（ATM）や un distributeur de boissons（飲み物の自動販売機）の意味で頻繁に使われます。dans le coin は直訳すると「隅っこの中」ですが、「この辺りで」と言うときによく使う会話表現です。

街・施設	181	☐☐☐ un **bâtiment** batimɑ̃ バティマン	男 建物
	182	☐☐☐ une **adresse** adrɛs アドレス	女 住所
	183	☐☐☐ une **rue** ry リュ	女 通り ＊街中の道路
買い物	184	☐☐☐ l' **argent** arʒɑ̃ アルジャン	男 お金 ★ argent liquide　現金
	185	☐☐ un **billet** bijɛ ビエ	男 紙幣、券
	186	☐☐ la **monnaie** mɔnɛ モネ	女 小銭、釣り銭
	187	☐☐☐ un **prix** pri プリ	男 価格
	188	☐☐ un **cadeau** kado カド	男 プレゼント (複 cadeaux)
位置・形	189	☐☐ un **centre** sɑ̃:tr サントル	男 中心
	190	☐☐☐ un **milieu** miljø ミリユ	男 真ん中、環境 (複 milieux)
	191	☐☐☐ un **coin** kwɛ̃ コワン	男 片隅、一角
	192	☐☐☐ un **bord** bɔ:r ボール	男 縁、岸

54

☐
☐ Le b̲â̲t̲i̲m̲e̲n̲t̲ est tout récent.
☐ この**建物**はごく最近できたものだ

récent
形 最近の

☐
☐ Vous pouvez m'écrire votre a̲d̲r̲e̲s̲s̲e̲ mail ?
☐ メール**アドレス**を書いてくださいませんか？

écrire
動 書く

☐
☐ C'est au 55, r̲u̲e̲ du Faubourg Saint-Honoré.
☐ フォブール＝サントノレ**通り** 55 番地です《エリゼ宮
☐ の住所》

55
cinquante-cinq

☐
☐ Je n'ai plus d'a̲r̲g̲e̲n̲t̲ liquide sur moi.
☐ もう手持ちの**現金**がない

☐
☐ Il va casser son b̲i̲l̲l̲e̲t̲.
☐ 彼は**お札**をくずしに行く

casser
動 壊す

☐
☐ Vous avez la m̲o̲n̲n̲a̲i̲e̲ sur dix euros ?
☐ 10 ユーロで払ったら**おつり**はありますか？

☐
☐ Les p̲r̲i̲x̲ sont intéressants, ici.
☐ ここの**値段**は割安だ

intéressant
形 得な

☐
☐ Non ?! un c̲a̲d̲e̲a̲u̲, pour moi ?
☐ 本当？！　私に**プレゼント**？

☐
☐ Il faut remettre le ballon au c̲e̲n̲t̲r̲e̲.
☐ ボールを**中心**に置きなおさなければならない

Il faut...
…しなければならない

☐
☐ Ils ne sont pas du même m̲i̲l̲i̲e̲u̲.
☐ 彼らは同じ**階層**の出身ではない

même
形 同じ

☐
☐ Elle boude dans son c̲o̲i̲n̲.
☐ 彼女は**隅っこ**ですねている

bouder
動 すねる

☐
☐ On va se balader au b̲o̲r̲d̲ de la mer.
☐ **海岸**へ散歩しに行く

se balader
代動 散歩する

55

位置・形	193	☐☐☐	un **bout** bu ブ	男 先端
	194	☐☐☐	le **fond** fɔ̃ フォン	男 底、核心
	195	☐☐☐	un **côté** kɔte コテ	男 側面 ★ à côté de... …のそばに
	196	☐☐☐	un **point** pwɛ̃ ポワン	男 点
	197	☐☐☐	une **ligne** liɲ リニュ	女 線、列
	198	☐☐☐	une **forme** fɔrm フォルム	女 形、形式
	199	☐☐☐	une **partie** parti パルティ	女 部分
学校・教育	200	☐☐☐	une **classe** klɑːs クラース	女 クラス
	201	☐☐☐	un **cours** kuːr クール	男 授業
	202	☐☐☐	une **leçon** l(ə)sɔ̃ ルソン	女 レッスン
	203	☐☐☐	un **exercice** ɛgzɛrsis エグゼルスィス	男 練習
	204	☐☐☐	un **exemple** ɛgzɑ̃ːpl エグザンブル	男 例

☐
☐ Votre pied touche le <u>bout</u> de la chaussure ?
☐ 靴の**先端**に足が当たりますか？

pied
男 足

☐
☐ Il y a quelque chose au <u>fond</u>.
☐ **底**に何かある

quelque chose
代 何か

☐
☐ Je m'assieds <u>à</u> côté d'elle.
☐ 彼女の**そば**に座る

m'assieds <
　　　　　　　s'asseoir
代動 座る

☐
☐ Tu as combien de <u>points</u> sur ta carte ?
☐ 君のカードには何**ポイント**ついている？

combien
副 どれくらい

☐
☐ La <u>ligne</u> 4 est en travaux.
☐ ４番**線**は工事中です

travail
男《複》工事

☐
☐ J'aime bien la <u>forme</u> de cette voiture.
☐ この車の**形**が好きだ

voiture
女 車

☐
☐ Je viens de finir la première <u>partie</u> du livre.
☐ その本の第１**部**を終えたところだ

venir de...
…したばかりだ

☐
☐ Elles sont toujours ensemble en <u>classe</u>.
☐ **クラス**で彼女たちはいつも一緒にいる

ensemble
副 一緒に

☐
☐ Tu as quoi comme <u>cours</u>, là ?
☐ 君は何の**授業**があるの？

quoi
代 何を

☐
☐ Il ne veut pas aller à sa <u>leçon</u> de piano.
☐ 彼はピアノの**レッスン**に行きたくない

veut < vouloir
動 …したい

☐
☐ Je ne comprends rien à cet <u>exercice</u>.
☐ この**練習**問題はまったくわからない

comprends <
　　　　comprendre
動 理解する

☐
☐ Vous pouvez me donner un <u>exemple</u> ?
☐ **例**を挙げてくれますか？

donner
動 与える

205	☐☐☐	un **examen** ɛgzamɛ̃ エグザマン	男 試験
206	☐☐☐	une **question** kɛstjɔ̃ ケスティヨン	女 問題、質問
207	☐☐☐	une **réponse** repɔ̃:s レポンス	女 答え
208	☐☐☐	une **faute** fo:t フォート	女 間違い、過ち ＊規範や道徳に反する間違い
209	☐☐☐	une **erreur** ɛrœ:r エルール	女 誤り、ミス、過失 ＊意図しない過失による間違い
210	☐☐☐	une **note** nɔt ノト	女 メモ、点数
211	☐☐☐	une **école** ekɔl エコル	女 学校 ★ école primaire　小学校
212	☐☐☐	un **collège** kɔlɛ:ʒ コレージュ	男 中学校
213	☐☐☐	un **lycée** lise リセ	男 高校
214	☐☐☐	un **jeu** ʒø ジュ	男 ゲーム (複 jeux)
215	☐☐☐	un **dessin** desɛ̃ デサン	男 絵、デッサン ＊鉛筆などで描かれた絵
216	☐☐☐	une **peinture** pɛ̃ty:r パンチュール	女 絵画 ＊絵の具で描かれた絵

☐☐☐ J'ai un <u>examen</u> de français demain.
明日フランス語の**テスト**がある

demain
副 明日

☐☐☐ Vous avez des <u>questions</u> ?
質問はありますか？

☐☐☐ C'est une bonne <u>réponse</u> !
それはいい**答え**だ！

☐☐☐ Ce n'est pas (de) ta <u>faute</u>.
君の**せい**ではないよ

☐☐☐ C'est une <u>erreur</u> de numéro.
電話番号を**間違って**います

numéro
男 番号

☐☐☐ Elle a de bonnes <u>notes</u> partout.
何しても彼女はいい**点**をとる

partout
副 どこででも

☐☐☐ On est amis depuis l'<u>école</u> primaire.
私たちは**小学校**からの友だちだ

depuis
前 …以来

☐☐☐ Ils sont au <u>collège</u>.
彼らは**中学校**にいる

☐☐☐ Elle est professeure d'anglais au <u>lycée</u>.
彼女は**高校**の英語の先生だ

anglais
男 英語

☐☐☐ C'est un fan de <u>jeux</u> vidéo.
ビデオ**ゲーム**のファンだ

fan
名 ファン

☐☐☐ C'est un <u>dessin</u> de quoi ?
何の**絵**なの？

quoi
代 何

☐☐☐ Manet est un grand maître de la <u>peinture</u>.
マネは**絵画**の巨匠だ

maître
男 大家

217	une **photo** fɔto フォト	囡 写真
218	la **musique** myzik ミュズィク	囡 音楽
219	un **piano** pjano ピヤノ	團 ピアノ
220	une **guitare** gitaːr ギタール	囡 ギター
221	un **violon** vjɔlɔ̃ ヴィヨロン	團 バイオリン
222	une **chanson** ʃɑ̃sɔ̃ シャンソン	囡 歌
223	un **film** film フィルム	團 映画
224	une **fête** fɛt フェト	囡 祭、パーティー
225	le **théâtre** teɑːtr テアートル	團 演劇
226	un **rôle** roːl ロール	團 役
227	le **sport** spɔːr スポール	團 スポーツ
228	un **match** matʃ マチ	團 試合 (複) match(e)s

☐☐☐ Vous pouvez nous prendre en <u>photo</u> ?
私たちの**写真**を撮ってくれますか？

prendre
動 英 take

☐☐☐ Qu'est-ce que vous aimez comme <u>musique</u> ?
音楽は何がお好きですか？

comme
接 …として

☐☐☐ C'est une sonate pour <u>piano</u>.
これは**ピアノ**ソナタです

sonate
女 ソナタ

☐☐☐ Tu joues de la <u>guitare</u> classique ?
君はクラシック**ギター**を弾くの？

jouer
動 演奏する

☐☐☐ J'aime beaucoup le son du <u>violon</u>.
バイオリンの響きが好きだ

son
男 音

☐☐☐ Cette <u>chanson</u> est triste.
この**歌**は悲しい

triste
形 悲しい

☐☐☐ Vous avez un <u>film</u> préféré ?
お気に入りの**映画**はありますか？

préférer
動 より好む

☐☐☐ Les voisins font la <u>fête</u>.
お隣さんたちが**パーティー**をしている

voisin
名 隣人

☐☐☐ Je suis au club <u>théâtre</u> de mon lycée.
私は高校の**演劇**部に入っている

club
男 クラブ

☐☐☐ Il est parfait pour ce <u>rôle</u>.
彼はこの**役**に最適だ

parfait
形 完璧な

☐☐☐ Elle aime bien faire du <u>sport</u>.
彼女は**スポーツ**するのが好きだ

☐☐☐ Le <u>match</u> commence dans dix minutes.
試合は 10 分後に始まる

dans
前 …後に

229	une **équipe** ekip エキプ	女 チーム
230	le **ski** ski スキ	男 スキー
231	la **natation** natasjɔ̃ ナタスィヨン	女 水泳
232	le **tennis** tenis テニス	男 テニス
233	le **football** futbo:l フトボール	男 サッカー ⇒《略》foot
234	une **balle** bal バル	女 (小さめの) ボール *テニスボールなど
235	un **ballon** balɔ̃ バロン	男 (大きめの) ボール *サッカーボールなど空気で 膨らませるもの
236	des **vacances** vakɑ̃:s ヴァカンス	女 働 バカンス
237	un **rendez-vous** rɑ̃devu ランデヴ	男 会う約束
238	une **visite** vizit ヴィズィト	女 訪問
239	un **travail** travaj トラヴァイユ	男 仕事 (働 **travaux** /travo/)
240	une **habitude** abityd アビチュド	女 習慣

☐☐☐ C'est le capitaine de l'<u>équipe</u> de Belgique.
ベルギー**チーム**のキャプテンだ

capitaine
男 キャプテン

☐☐☐ Ils font du <u>ski</u> chaque hiver.
彼らは毎冬**スキー**をする

chaque
形 毎…

☐☐☐ Je suis nul en <u>natation</u>.
水泳はまったくダメだ

nul
形 無能な

☐☐☐ Roland-Garros, c'est une compétition de <u>tennis</u>.
ローラン・ギャロス（全仏オープン）は**テニス**の大会だ

compétition
女 対抗試合

☐☐☐ Je fais du <u>foot</u> en <u>salle</u>.
フットサルをする

salle
女 部屋、室

☐☐☐ Le chien court après la <u>balle</u>.
犬が**ボール**を追いかける

court < courir
動 走る

☐☐☐ Tu as un <u>ballon</u> de basket ?
君はバスケ**ボール**を持っているかい？

basket
男 バスケットボール

☐☐☐ C'est bientôt les <u>vacances</u> d'été !
もうすぐ**夏休み**だ！

été
男 夏

☐☐☐ J'ai un <u>rendez-vous</u> avec un client.
私は顧客と**面会の約束**があります

client
名 客

☐☐☐ Quel est l'objet de votre <u>visite</u> ?
ご訪問の用件は何でしょうか？

objet
男 目的

☐☐☐ Qu'est-ce que vous faites comme <u>travail</u> ?
お仕事は何をなさっていますか？

faites < faire
動

☐☐☐ Je n'ai pas l'<u>habitude</u> de voyager seul.
ひとりで旅行する**習慣**は私にはありません

seul
形 ひとりで

■ 13. 飛行機チケットの値段の話

A : C'est cher d'aller en France en juillet ?
B : Evidemment ! Les <u>prix</u> des <u>billets</u> d'avion sont plus élevés
pendant les <u>vacances</u> d'été.

A : 7月にフランスに行くのって、お金かかるの？
B : そりゃそうだよ！　夏休み中の飛行機チケットは高いんだよ！

un billet は紙幣（un billet de dix euros「10ユーロ紙幣」）や列車のチケット
（un billet de train）を指すことが多く、un ticket は地下鉄やバスのチケット（un
ticket de métro, un ticket de bus）を指すときに使われます。そしてコンサー
トや映画館のチケットは、une place（席）と言うことが多くあります（une
place de concert, une place de cinéma）。

■ 14. 試験後、友だちと話して

A : Ça s'est bien passé, ton <u>examen</u> de français ?
B : Oui, j'ai dû faire seulement deux ou trois <u>erreurs</u>.

A : フランス語の試験は上手くいった？
B : そうだね。2、3箇所だけ間違えたかな。

une erreur はあらゆるタイプの「間違い」を指します。une faute も「間違い」
の意味ですが、多くの場合は倫理的に間違っている「過ち」というニュアンスが加
わります。

■ 15. 知り合い2人とばったり会って

A : Vous allez où ?
B : On va voir un <u>match</u> de <u>tennis</u>.

A : どこに行くの？
B : これからテニスの試合を見に行くんだ。

「…の試合」という表現は、他のスポーツでも無冠詞です。

例：　un match de foot(ball)　サッカーの試合
　　　un match de volley　バレーボールの試合

■ 16. 最近働きすぎている同僚同士の会話

A : On a trop de <u>travail</u> dans notre boîte, en ce moment.
B : C'est clair... Vivement les <u>vacances</u> !

A : うちの会社って最近、仕事量が多すぎるよな。
B : 確かに、休みが待ち遠しいよ！

vivement は早く実現してほしいイベントや事柄を表す語の前で使って「…が待ち遠しい」という意味。une boîte は「会社」を意味する口語的な表現で、通常は une entreprise または une compagnie と呼びます。« C'est clair. » は同意を伝えるための決まった言い方です。

écouter

聞く
〈英 listen〉

j' **écoute**	nous **écoutons**
tu **écoutes**	vous **écoutez**
il / elle / on **écoute**	ils / elles **écoutent**

現在分詞
écoutant

過去分詞
écouté

1. …を（注意して）聞く　 使い分けコラム

J'écoute cette chanson en boucle.
この歌を何度もループして聴いている。

2. …を受け入れる、…に従う

Vous n'avez pas écouté mes conseils.
私の忠告を無視しましたね。

3. 〈écoute ! / écoutez !〉おい、ちょっと

話の流れを遮って、いらだちや決断を伝えるために。

Écoute, je suis fatigué de tes mensonges.
なあ、あんたに嘘つかれるのはもうウンザリなんだよ。

entendre

聞こえる
〈英 hear〉

j' **entends**	nous	**entendons**
tu **entends**	vous	**entendez**
il / elle / on **entend**	ils / elles	**entendent**

現在分詞
entendant

過去分詞
entendu

1. …が聞こえる 🔳 使い分けコラム

Vous avez entendu quelque chose ?　何か聞こえましたか?

2. 〈entendre dire que...〉 …という話を聞く

J'ai entendu dire qu'ils n'étaient plus ensemble.
あの二人は別れたといううわさを聞いたんだけど。

3. 〈s'entendre / s'entendre avec...〉 (…と) 気が合う

Tu t'entends bien avec tes nouveaux collègues ?
新しい同僚とはうまくいっている?

上手に
使い分けよう!

écouter か entendre か?

J'écoute de la musique.
音楽を聴いている。《自ら望んで聞いている》

J'entends de la musique.
音楽が聞こえてくる。《自らの意思に関係なく聞こえる》

241	☐☐☐ une **date** dat ダト	**女** 日付	
242	☐☐☐ un **matin** matɛ̃ マタン	**男** 朝	
243	☐☐☐ une **matinée** matine マティネ	**女** 午前中	
244	☐☐☐ un **jour** ʒuːr ジュール	**男** (時間の単位の) 日	
245	☐☐☐ une **journée** ʒurne ジュルネ	**女** 一日、昼間	
246	☐☐☐ un **midi** midi ミディ	**男** 正午	
247	☐☐☐ un **après-midi** apremidi アプレミディ	**男** 午後	
248	☐☐☐ un **soir** swaːr ソワール	**男** 夕方	
249	☐☐☐ une **soirée** sware ソワレ	**女** 晩、 夜のパーティー	
250	☐☐☐ une **nuit** nɥi ニュイ	**女** 夜	
251	☐☐☐ **minuit** minɥi ミニュイ	**男** 真夜中	
252	☐☐☐ le **temps** tɑ̃ タン	**男** 時間、天気	

☐
☐ Quelle est la <u>date</u> limite pour s'inscrire ?
☐ 登録の締め切り**日**はいつですか？

s'inscrire
[代動] 登録する

☐
☐ Tous les <u>matins</u>, je fais un footing.
☐ **毎朝ジョギング**をします

footing
[男] (軽い) ジョギング

☐
☐ Il va pleuvoir pendant toute la <u>matinée</u>.
☐ **午前中**いっぱい雨が降るでしょう

pleuvoir
[動] 雨が降る

☐
☐ Je prends quelques <u>jours</u> de congé.
☐ 休暇を数**日**取ります

congé
[男] 休暇

☐
☐ Vous avez passé une bonne <u>journée</u> ?
☐ いい**一日**をお過ごしになりましたか？

passer
[動] 過ごす

☐
☐ Il faut quitter la chambre à <u>midi</u>.
☐ **正午**には部屋を出ないと

quitter
[動] 去る

☐
☐ On commence l'apéro en fin d'<u>après-midi</u>.
☐ **午後**の終わりから軽く飲み始めますよ

apéro < apéritif
[男] アペリティフ *

☐
☐ On se voit demain <u>soir</u> ?
☐ 明日の**夜**に会わない？

se voir
[代動] 会う

☐
☐ C'est une <u>soirée</u> privée.
☐ これはプライベート**パーティー**です

privé
[形] プライベートの

☐
☐ Il fait <u>nuit</u> noire.
☐ **夜**が更けてすっかり暗くなる

Il fait...
天気・明暗を示す

☐
☐ Il est déjà <u>minuit</u> !
☐ もう**夜中の0時**だ！

déjà
[副] もう

☐
☐ Vous avez un peu de <u>temps</u>, là ?
☐ ちょっと**時間**ありますか？

un peu de...
少しの…

* 夕食前の食前酒、またおつまみとともにそのお酒を楽しむ時間をアペリティフと呼ぶ。

253	un **demi** d(ə)mi ドゥミ	男 2分の1、グラスビール *もとは1/2リットルだった。現在のフランスでは250ml
254	un **quart** ka:r カール	男 4分の1
255	une **moitié** mwatje モワティエ	女 半分
256	un **numéro** nymero ニュメロ	男 番号
257	un **chiffre** ʃifr シフル	男 数字
258	une **fois** fwa フォワ	女 …回

259	un **animal** animal アニマル	男 (人間を含む) 動物 (複 animaux /animo/)
260	**chat, chatte** ʃa, ʃat シャ (ト)	名 猫
261	un **cheval** ʃ(ə)val シュヴァル	男 馬 (複 chevaux /ʃ(ə)vo/)
262	**chien, chienne** ʃjɛ̃, -ɛn シヤン (エヌ)	名 犬
263	un **oiseau** wazo オワゾ	男 鳥 (複 oiseaux)
264	une **vache** vaʃ ヴァシュ	女 雌牛 *牛の総称は bœuf 男

☐☐☐ Je vais prendre un <u>demi</u>.
ビールを一杯注文します

vais < aller
動

☐☐☐ Il est sept heures et <u>quart</u>.
7時**15分**です

☐☐☐ Tu veux la <u>moitié</u> de mon gâteau ?
私のケーキ、**半分**欲しい？

veux < vouloir
動 欲しい

☐☐☐ Je vous laisse mon <u>numéro</u> de portable.
携帯電話の**番号**をお教えしますね

laisser
動 残す、渡す

☐☐☐ Vous pouvez lire les <u>chiffres</u> romains ?
ローマ**数字**は読めますか？

peux < pouvoir
動 英 can

☐☐☐ Je fais de la muscu deux <u>fois</u> par semaine.
私は週に**2回**筋トレをする

muscu <
musculation
女 筋力トレーニング

☐☐☐ Vous avez un <u>animal</u> de compagnie ?
ペットは飼っていますか？

compagnie
女 一緒にいること

☐☐☐ Le <u>chat</u> doit avoir faim.
その**猫**はお腹が空いているに違いない

doit < devoir
動 …に違いない

☐☐☐ Tu sais monter à <u>cheval</u> ?
君は**馬**に乗れますか？

sais < savoir
動 …することができる

☐☐☐ Je promène mon <u>chien</u>.
私は**犬**の散歩をする

promène <
promener
動 散歩させる

☐☐☐ Les <u>oiseaux</u> chantent depuis ce matin.
今朝から**鳥**が鳴いている

chanter
動 歌う

☐☐☐ Les <u>vaches</u> mangent de l'herbe.
牛は牧草を食べる

herbe
女 草

265	☐☐☐	la **nature** naty:r ナチュール	**女** 自然
266	☐☐☐	une **fleur** flœ:r フルール	**女** 花
267	☐☐☐	un **arbre** arbr アルブル	**男** 樹木
268	☐☐☐	une **feuille** fœj フイユ	**女** 葉っぱ
269	☐☐☐	un **bois** bwa ボワ	**男** 林、材木
270	☐☐☐	une **forêt** fɔrɛ フォレ	**女** 森
271	☐☐☐	la **montagne** mɔ̃taɲ モンタニュ	**女** 山
272	☐☐☐	la **terre** tɛ:r テール	**女** 地面
273	☐☐☐	la **mer** mɛ:r メール	**女** 海
274	☐☐☐	une **île** il イル	**女** 島
275	☐☐☐	un **lac** lak ラク	**男** 湖
276	☐☐☐	un **fleuve** flœ:v フルーヴ	**男** 大河 ＊ fleuve に流れ込む川は rivière **女**

On passe un week-end en pleine <u>nature</u>.
私たちは**自然**の真っただ中で週末を過ごす

plein
形 いっぱいの

Vous connaissez les <u>fleurs</u> de courgette ?
ズッキーニの**花**を見たことがありますか？

connaître
動 知っている

L'<u>arbre</u> est en fleur.
その**木**は花盛りだ

fleur
女 花

Je ramasse les <u>feuilles</u> mortes.
落ち**葉**を集める

ramasser
動 寄せ集める

On campe dans un <u>bois</u>.
私たちは**林**でキャンプをする

camper
動 キャンプする

Je visite la <u>forêt</u> de Brocéliande.
ブロセリアンドの**森**を訪れる

visiter
動 訪れる

Elle préfère la mer à la <u>montagne</u>.
彼女は**山**より海が好きだ

préférer A à B
BよりAを好む

Ils dorment par <u>terre</u>.
彼らは**地べた**に寝る

dormir
動 寝る

J'adore passer les vacances à la <u>mer</u>.
海でバカンスを過ごすのが大好きだ

passer
動 過ごす

Il veut acheter une <u>île</u> déserte.
彼は**無人島**を買いたい

désert
形 無人の

Ils se baignent dans le <u>lac</u>.
彼らは**湖**で泳ぐ

se baigner
代動 水浴びをする

La Loire est le plus long <u>fleuve</u> de France.
ロワール川はフランスで最も長い**川**だ

le plus...
最も…

277	le **ciel** sjɛl スィエル	男 空 ((複) ciels /sjɛl/, cieux /sjø/)
278	la **pluie** plɥi プリュイ	女 雨
279	la **neige** nɛ:ʒ ネージュ	女 雪
280	un **nuage** nɥa:ʒ ニュアージュ	男 雲
281	le **vent** vɑ̃ ヴァン	男 風
282	le **soleil** sɔlɛj ソレイユ	男 太陽
283	une **étoile** etwal エトワル	女 星
284	la **lune** lyn リュヌ	女 月
285	la **lumière** lymjɛ:r リュミエール	女 光
286	l' **ombre** ɔ̃:br オンブル	女 陰、影
287	l' **eau** o オ	女 水 ((複) eaux)
288	le **feu** fø フ	男 火 ((複) feux)

☐
☐ Le <u>ciel</u> est magnifique, aujourd'hui.
☐ 今日の**空**は素晴らしい

magnifique
形 見事な

☐
☐ Je déteste la <u>pluie</u>.
☐ 私は**雨**が大嫌いだ

détester
動 ひどく嫌う

☐
☐ On va faire un bonhomme de <u>neige</u> ?
☐ 雪だるまを作ろうか？

bonhomme de neige
男 雪だるま

☐
☐ Les <u>nuages</u> sont bien gris.
☐ 雲がすっかりグレーだ

gris
形 灰色の

☐
☐ Le <u>vent</u> souffle fort.
☐ 風が強く吹く

souffler
動 吹く

☐
☐ Ne regarde pas trop longtemps le <u>soleil</u>.
☐ あまり長い時間**太陽**を見てはダメだよ

longtemps
副 長い時間

☐
☐ On voit bien les <u>étoiles</u> ce soir.
☐ 今夜は**星**がよく見える

voit < voir
動 見える

☐
☐ C'est la pleine <u>lune</u> aujourd'hui.
☐ 今日は満**月**だ

plein
形 満たされた

☐
☐ Tu peux allumer la <u>lumière</u> ?
☐ **明かり**をつけてくれる？

allumer
動 （明かりを）つける

☐
☐ Ils vont se mettre à l'<u>ombre</u>.
☐ 彼らは**日陰**に入りに行く

se mettre
代動 身を置く

☐
☐ Je n'aime pas trop l'<u>eau</u> gazeuse.
☐ 炭酸**水**はあまり好きじゃない

gazeux
形 ガスの

☐
☐ Excusez-moi, vous avez du <u>feu</u> ?
☐ すみません、**火**はお持ちですか？

体	289	☐☐☐	le **corps** kɔːr コール	**男** 身体
	290	☐☐☐	la **tête** tɛt テト	**女** 頭
	291	☐☐☐	la **main** mɛ̃ マン	**女** 手
	292	☐☐☐	le **pied** pje ピエ	**男** 足 ＊足首から下の部分
	293	☐☐☐	le **bras** bra ブラ	**男** 腕
	294	☐☐☐	la **jambe** ʒɑ̃ːb ジャンブ	**女** 脚 ＊腿から足首まで
	295	☐☐☐	le **cœur** kœːr クール	**男** 心臓、ハート、中心
	296	☐☐☐	le **visage** vizaːʒ ヴィザージュ	**男** 顔
	297	☐☐☐	l' **œil** œj ウイユ	**男** 眼 (働 **yeux** /jø/)
	298	☐☐☐	le **nez** ne ネ	**男** 鼻
	299	☐☐☐	la **bouche** buʃ ブシュ	**女** 口
	300	☐☐☐	l' **oreille** ɔrɛj オレイユ	**女** 耳

☐
☐
☐ Je n'ai plus de crème pour le <u>corps</u>.
ボディークリームが切れてしまった

ne... plus
もはや…ない

☐
☐
☐ Il a mal à la <u>tête</u> depuis ce matin.
彼は今朝から**頭**が痛い

depuis
前 …から

☐
☐
☐ Il faut se laver les <u>mains</u> avant de manger.
食事の前に**手**を洗わないといけないでしょ

avant de...
…する前に

☐
☐
☐ J'ai des fourmis dans les <u>pieds</u>.
両足がしびれてチクチクする

fourmi
女 アリ

☐
☐
☐ C'est le <u>bras</u> droit du chef.
あの人はボスの**右腕**だ

droit
形 右の

☐
☐
☐ J'ai les <u>jambes</u> lourdes.
脚が重たく感じる

lourd
形 重い

☐
☐
☐ Nous sommes au <u>cœur</u> historique de la ville.
私たちは街の歴史的な**中心**におります

historique
形 歴史的な

☐
☐
☐ Il a un très beau <u>visage</u>.
彼はとてもきれいな**顔**をしている

beau
形 美しい

☐
☐
☐ Vous avez des gouttes pour les <u>yeux</u> ?
目薬はありますか？

goutte
女 しずく、
《複》点眼薬

☐
☐
☐ Elle a le <u>nez</u> bouché.
彼女は**鼻**が詰まっている

boucher
動 詰まらせる

☐
☐
☐ J'ai encore du dentifrice dans la <u>bouche</u>.
口の中にまだ歯磨き粉が残っている

dentifrice
男 歯磨き粉

☐
☐
☐ Peu de gens ont l'<u>oreille</u> absolue.
絶対音感を持っている人は少ない

absolu
形 絶対的な

■ 17. 知り合いに前日の休みについてたずねて

A : Elle était bien, ta <u>journée</u> au Parc Astérix, hier ?
B : Pas du tout ! Le <u>temps</u> était horrible : il a plu toute la <u>journée</u>.

A : 昨日一日アステリックス・パークで過ごしたんでしょ？　どう、よかった？
B : 全然。ひどい天気だったよ。一日中雨降ったし。

文頭の elle は後ろに続く journée を指します。このように代名詞を使って文を言い切り、後から詳しく説明すると楽に話せます。une journée は un jour と比べて、「期間が長く続いている」という点を強調し、「一日中」といったニュアンス。le Parc Astérix はフランスの人気コミックを題材にしたテーマパークで、パリから30キロ北にあります。

■ 18. 気温が下がり続けた結果…

A : Tu as vu, la <u>pluie</u> est devenue de la <u>neige</u>.
B : Ah oui, c'est vrai.

A : ほら、雨から雪に変わったよ。
B : あ、本当だ。

tu as vu は相手の注意を引くときに使います。ちなみに雹（ひょう）は la grêle と言いますよ。

■ 19. 美術の話をしていると…

A : Vous connaissez Georges de La Tour ?
B : Oui, j'aime beaucoup ses jeux d'<u>ombre</u> et <u>lumière</u>.

A : ジョルジュ・ド・ラ・トゥールはご存じですか？
B : はい、明暗の対比を強調する彼の画法が大好きです。

Georges de La Tour は17世紀にフランスで活躍した画家。un jeu は「ゲーム」
や「遊び」を指すことが多いのですが、この会話中のように「働き」「作用」とい
う意味もあります。

■ 20. 大掃除中に…

A : Vous voulez un coup de <u>main</u> ?
B : Oui, merci ! On manque de <u>bras</u>.

A : 手伝いが必要ですか？
B : ありがとう。人手が足りないんだよ。

un bras は「腕」という意味から転じて「人手」を表すことも。un coup de
main は「手助け」という意味の決まった表現です。

sortir 出る

je **sors**	nous **sortons**
tu **sors**	vous **sortez**
il / elle / on **sort**	ils / elles **sortent**

現在分詞
sortant

過去分詞
sorti

1. 〈sortir de...〉…から出る

Je voudrais sortir d'ici.　ここから出たいんですが…。

2. 出かける　 使い分けコラム

Il sort sans arrêt avec ses amis.
彼は友だちとしょっちゅう出かけている。

3. 発表される、出版される

Le nouvel album va bientôt sortir.
新アルバムが間もなく発売されます。

4. 〈sortir ensemble / sortir avec...〉（…と）交際する、付き合う

Ah, tu sors avec elle ?　え、彼女と付き合っているの?

partir 出発する

je **pars**	nous **partons**
tu **pars**	vous **partez**
il / elle / on **part**	ils / elles **partent**

現在分詞
partant

過去分詞
parti

1. 出発する 🔲 使い分けコラム

Je pars en vacances à Okinawa.　休暇で沖縄に出かけます。

2. 帰る、立ち去る

Oh... vous partez déjà ?　え、もう帰るんですか?

3. なくなる

Même avec du savon, ça ne part pas.
石けんをつけても落ちないですね。

上手に使い分けよう!

sortir か partir か?

Je sors ce soir.
今夜、出かける。《遊び等に出かける》

Je pars ce soir.
今夜、ここを離れる。《どこか別のところへ出発する》

81

仏検
5
級動詞

301	☐☐☐	**avoir** avwa:r アヴォワール	動 …を持つ
302	☐☐☐	**être** ɛtr エトル	動 …である、 …にいる
303	☐☐☐	**faire** fɛ:r フェール	動 …する、…を作る
304	☐☐☐	**aller** ale アレ	動 行く ＊助動詞は être
305	☐☐☐	**venir** v(ə)ni:r ヴニール	動 来る ＊助動詞は être
306	☐☐☐	**devoir** dəvwa:r ドゥヴォワール	動 …しなければなら ない、…に違いない
307	☐☐☐	**pouvoir** puvwa:r プヴォワール	動 …できる、 …かもしれない
308	☐☐☐	**vouloir** vulwa:r ヴロワール	動 …したい
309	☐☐☐	**falloir** falwa:r ファロワール	動 …すべきだ
310	☐☐☐	**laisser** lese レセ	動 残す、 …させておく
311	☐☐☐	**mettre** mɛtr メトル	動 置く、つける、 着る
312	☐☐☐	**prendre** prã:dr プランドル	動 手に取る、乗る

□
□ Vous <u>avez</u> des mouchoirs en papier ?
□ ティッシュを**持っています**か？

mouchoir
男 ハンカチ

□
□ Je <u>suis</u> vraiment fatigué.
□ とても疲れた

vraiment
副 本当に

□
□ Elle <u>a fait</u> un cheesecake !
□ 彼女はチーズケーキを**作った**！

cheesecake
男 チーズケーキ

□
□ Nous <u>allons</u> au même endroit.
□ 私たちは同じ場所に**向かっています**

endroit
男 場所

□
□ Vous <u>venez</u> avec nous ?
□ 私たちと一緒に**来ます**か？

avec
前 …と一緒に

□
□ Vous <u>devez</u> signer ici.
□ ここにサイン**しなければなりません**

signer
動 サインする

□
□ Tu <u>peux</u> le faire !
□ 君ならそれを**できる**よ！

le
代 それ

□
□ Elle ne <u>veut</u> pas faire d'efforts.
□ 彼女は努力**したがら**ない

faire des efforts
努力する

□
□ Il <u>faut</u> changer à la station Châtelet.
□ シャトレ駅で乗り換え**なければならない**

changer
動 変える

□
□ Il <u>a laissé</u> tous les poivrons !
□ 彼はピーマンを全部**残した**！

poivron
男 ピーマン

□
□ Attends, je <u>mets</u> mes lunettes.
□ 待って。メガネを**かける**から

attends < attendre
動 待つ

□
□ Ils <u>ont pris</u> tous mes jouets !
□ 僕のおもちゃはすべて彼らに**取り上げ**られた！

jouet
男 おもちゃ

感情	313	☐☐☐	**aimer** eme エメ	動 愛する
	314	☐☐☐	**adorer** adɔre アドレ	動 大好きである
	315	☐☐☐	**préférer** prefere プレフェレ	動 より好む
	316	☐☐☐	**plaire** plɛ:r プレール	動 気に入る ★ A plaire à B AがBの気に入る
	317	☐☐☐	**rire** ri:r リール	動 笑う
	318	☐☐☐	**pleurer** plœre プルレ	動 泣く
知覚	319	☐☐☐	**regarder** r(ə)garde ルガルデ	動 見る
	320	☐☐☐	**voir** vwa:r ヴォワール	動 見える、わかる
	321	☐☐☐	**écouter** ekute エクテ	動 聞く
	322	☐☐☐	**entendre** ɑ̃tɑ̃:dr アンタンドル	動 聞こえる
	323	☐☐☐	**sentir** sɑ̃ti:r サンティール	動 感じる、 においがする
	324	☐☐☐	**toucher** tuʃe トゥシェ	動 触る

☐☐☐ J'<u>aime</u> bien danser.
踊るのが**好きだ**

danser
[動] 踊る

☐☐☐ Elle <u>adore</u> la mousse au chocolat.
彼女はチョコレートムースが**大好きだ**

mousse
[女] 泡、ムース

☐☐☐ Tu <u>préfères</u> ton papa ou ta maman ?
パパとママのどちら**の方が好き**？

☐☐☐ Ce tableau me <u>plaît</u> vraiment.
この絵はとても**気に入った**

vraiment
[副] 本当に

☐☐☐ On <u>a ri</u> tous ensemble.
私たちはみんな一緒に**笑った**

tous /**tus**/
[代] みんな

☐☐☐ Pourquoi est-ce qu'il <u>pleure</u> ?
なんで彼は**泣いている**の？

pourquoi
[副] なぜ

☐☐☐ Elle me <u>regarde</u> depuis tout à l'heure.
さっきから彼女は私を**見ている**

tout à l'heure
少し前に

☐☐☐ On ne <u>voit</u> rien du tout.
まったく何も**見え**ない

rien
[代] 何も

☐☐☐ Comme d'habitude, tu ne m'<u>écoutes</u> pas.
いつものことだけど、君は私の言うことを**聞か**ないね

comme d'habitude
いつものように

☐☐☐ Je vous <u>entends</u> mal.
あなたの声がよく**聞こえません**

mal
[副] 悪く

☐☐☐ Ça <u>sent</u> bon !
いい**においがする**！

bon
[形] よい

☐☐☐ Sa main <u>a touché</u> mes cheveux.
彼（女）の手が私の髪に**触れた**

cheveux
[男][複] 髪

325	☐☐☐	**arriver** arive アリヴェ	動 着く、起こる ＊移動・状態変化を表す自動詞は助動詞に être をとる
326	☐☐☐	**entrer** ãtre アントレ	動 入る ＊自動詞のとき助動詞は être
327	☐☐☐	**rentrer** rãtre ラントレ	動 帰る ＊自動詞のとき助動詞は être
328	☐☐☐	**sortir** sɔrtiːr ソルティール	動 外へ出る ＊自動詞のとき助動詞は être
329	☐☐☐	**partir** partiːr パルティール	動 出発する ＊助動詞は être ★ partir 不定詞 …しに行く
330	☐☐☐	**passer** pase パセ	動 通る、移る ＊自動詞のとき助動詞は être
331	☐☐☐	**naître** nɛtr ネトル	動 生まれる ＊助動詞は être
332	☐☐☐	**mourir** muriːr ムリール	動 死ぬ ＊助動詞は être
333	☐☐☐	**tomber** tõbe トンベ	動 倒れる、落ちる、転ぶ ＊自動詞のとき助動詞は être
334	☐☐☐	**monter** mõte モンテ	動 登る、乗る ＊自動詞のとき助動詞は être
335	☐☐☐	**descendre** desãːdr デサンドル	動 降りる ＊自動詞のとき助動詞は être
336	☐☐☐	**retourner** r(ə)turne ルトゥルネ	動 戻る ＊自動詞のとき助動詞は être

Partie 6

Nous allons bientôt <u>arriver</u> à l'aéroport Charles-de-Gaulle.
まもなくシャルル・ド・ゴール空港に**到着します**

aéroport
男 空港

Je peux <u>entrer</u> ?
入ってもいいですか？

peux < pouvoir
動 英 can

Viens, on <u>rentre</u> chez nous.
さあ、家に**帰るよ**

viens < venir
動

Elle <u>est</u> <u>sortie</u> avec des amis.
彼女は友だちと**出かけた**

avec
前 …と一緒に

Il <u>part</u> faire des études à Londres.
彼はロンドンに勉強しに**行く**

étude
女 勉強

Le temps <u>passe</u> vite !
時間が**経つ**のは早い！

temps
男 時間

Je <u>suis</u> <u>né</u> à Saitama, au Japon.
私は日本の埼玉で**生まれました**

Japon
男 日本

Napoléon <u>est</u> <u>mort</u> en 1821.
ナポレオンは 1821 年に**死んだ**

1821
mille huit cent
vingt et un

Il <u>est</u> <u>tombé</u> dans les escaliers.
彼は階段で**転んだ**

escalier
男 階段

Elle <u>est</u> <u>montée</u> dans un taxi.
彼女はタクシーに**乗り込んだ**

dans
前 …の中に

On <u>descend</u> à la prochaine station.
私たちは次の駅で**降ります**

prochain
形 次の

Je veux <u>retourner</u> dans mon pays.
自分の国に**帰りたい**

pays
男 国

87

助動詞が être	337	☐☐☐	**rester** rɛste レステ	動 とどまる ＊助動詞は être
	338	☐☐☐	**devenir** dəvniːr ドゥヴニール	動 …になる ＊助動詞は être
移動	339	☐☐☐	**visiter** vizite ヴィズィテ	動 訪れる
	340	☐☐☐	**suivre** sɥiːvr スュイーヴル	動 後について行く
	341	☐☐☐	**quitter** kite キテ	動 離れる
	342	☐☐☐	**tourner** turne トゥルネ	動 回る
	343	☐☐☐	**courir** kuriːr クリール	動 走る
	344	☐☐☐	**marcher** marʃe マルシェ	動 歩く、作動する
	345	☐☐☐	**voyager** vwajaʒe ヴォワヤジェ	動 旅行する
	346	☐☐☐	**conduire** kɔ̃dɥiːr コンデュイール	動 運転する
勝負	347	☐☐☐	**gagner** gaɲe ガニェ	動 稼ぐ、勝つ
	348	☐☐☐	**perdre** pɛrdr ペルドル	動 なくす、負ける

Je <u>suis</u> <u>resté</u> chez moi.
私は家に**いた**

chez
前 …の家で

Elle <u>est</u> <u>devenue</u> célèbre.
彼女は有名に**なった**

célèbre
形 有名な

On peut <u>visiter</u> ce monument ?
私たちはこのモニュメントを**訪れる**ことができますか？

monument
男 記念建造物

Ce chien me <u>suit</u> partout !
この犬は私にどこにでも**ついてくる**！

partout
副 どこでも

Il <u>a</u> <u>quitté</u> le travail à vingt heures.
彼は夜8時に職場を**離れた**

travail
男 仕事、仕事場

J'ai la tête qui <u>tourne</u>.
目が**回る**

tête
女 頭

Ils <u>courent</u> vraiment vite !
彼らはとても速く**走る**！

vite
副 速く

Tu <u>marches</u> sur mon pied, là.
ちょっと、私の足を踏んでるよ

pied
男 足

Nous <u>voyageons</u> souvent ensemble.
私たちはよく一緒に**旅行します**

souvent
副 しばしば、よく

Il <u>conduit</u> mal.
彼は**運転**が下手だ

mal
副 悪く

On <u>a</u> <u>gagné</u> !
勝った！

J'<u>ai</u> <u>perdu</u> mon smartphone.
スマートフォンを**なくした**

smartphone
男 スマートフォン

349	□□□	**savoir** savwa:r サヴォワール	動 知っている ＊物事を学んで、体得して
350	□□□	**connaître** kɔnɛtr コネトル	動 知っている ＊人、物、場所を知識として
351	□□□	**croire** krwa:r クロワール	動 信じる、考える
352	□□□	**penser** pãse パンセ	動 考える
353	□□□	**trouver** truve トルヴェ	動 見つける、 …と思う
354	□□□	**sembler** sãble サンブレ	動 …であるように 思われる
355	□□□	**douter** dute ドゥテ	動 疑う
356	□□□	**hésiter** ezite エズィテ	動 ためらう
357	□□□	**décider** deside デスィデ	動 決める
358	□□□	**excuser** ɛkskyze エクスキュゼ	動 許す
359	□□□	**ouvrir** uvri:r ウヴリール	動 開ける
360	□□□	**fermer** fɛrme フェルメ	動 閉める

☐☐☐ Tu <u>sais</u> nager ?
君は泳げるかい？

nager
動 泳ぐ

☐☐☐ Vous <u>connaissez</u> cette actrice ?
この女優を**知っています**か？

acteur, actrice
名 俳優

☐☐☐ Je <u>crois</u> en toi.
私は君を**信じている**

☐☐☐ Tu <u>penses</u> à quoi ?
何について**考えている**の？

quoi
代 何

☐☐☐ Vous <u>avez</u> <u>trouvé</u> mon chien ?
私の犬を**見つけて**くださったのですか？

chien
名 犬

☐☐☐ Il me <u>semble</u> qu'elle a raison.
私には彼女の言うとおり**に思える**

avoir raison
正しい

☐☐☐ Je <u>doute</u> de sa parole.
彼（女）の言葉を**疑っている**

parole
女 約束、言葉

☐☐☐ J'<u>hésite</u> à lui dire la vérité.
彼（女）に真実を言おうか**迷っている**

vérité
女 真実

☐☐☐ Elle <u>a</u> <u>décidé</u> d'arrêter ce travail.
彼女はこの仕事をやめると**決めた**

arrêter
動 やめる

☐☐☐ <u>Excusez</u>-<u>moi</u> pour le retard.
遅刻して**すみません**

retard
男 遅れ

☐☐☐ La poste <u>ouvre</u> à quelle heure ?
郵便局は何時に**開く**の？

poste
女 郵便局

☐☐☐ Tu peux <u>fermer</u> la fenêtre ?
窓を**閉めて**くれる？

fenêtre
女 窓

■ 21. 凱旋門周辺を観光していて…

A : Excusez-moi, vous <u>pouvez</u> me prendre en photo ?

B : Pas de problème. Vous <u>voulez</u> prendre une photo avec l'Arc de triomphe en fond ?

A : すみません、写真を撮ってくれますか？
B : いいですよ。凱旋門を背景にして撮りたいのですか？

仏検
5
級 動詞

「Aを写真で撮影する」は prendre A en photo、あるいは photographier A と言います。

■ 22. 友だちと恋バナをしていると…

A : Il te <u>plaît</u>, Benoît, non ?

B : Euh... je l'<u>aime</u> bien, quoi.

A : ブノワに気があるんでしょ？
B : うーん…。まあ、友だちとして好きかな。

aimer に bien をつけると意味がある程度弱まり、「友だちとして好き」というニュアンスになります。それに対して、bien をつけずに aimer だけなら「愛している」の意味です。趣味の話をする場合は aimer bien を用いて « J'aime bien le golf. » （ゴルフが好き）、« J'aime bien la natation. » （水泳が好き）などと言うことが多いです。

plaire は「魅了する」「魅力で引きつける」という意味で、« Il te plaît. » を直訳すると「彼はあなたを魅了する」です。「彼は私に気がある」なら « Je lui plais. » と言います。

quoi は口語的な表現で、「つまり」「要するに」という意味。必ず文末に置いて、話をまとめるときに使います。

Partie 6

23. フランス旅行の話をしている2人

A : Alors, vous <u>avez</u> <u>visité</u> le château de Versailles ?
B : Oui, avec mon mari, on <u>a</u> <u>marché</u> des heures dans le château !

A : ベルサイユ宮殿に行ってきたの？
B : そう、宮殿の中を<u>旦那</u>と何時間も歩いたよ！

夫は mari、妻は femme と言いますが、事実婚の場合 un compagnon / une compagne（パートナー）という言葉を使います。

24. レストランで注文していると…

A : Je ne <u>sais</u> pas quoi prendre...
B : Bon, tu vas encore <u>hésiter</u> longtemps, comme ça ?

A : 何にしようかなー。
B : おい、いつまで迷ってるんだよ。

« Tu vas encore hésiter longtemps, comme ça ? » は直訳すると「君はまだ長いことこのように迷うつもりなのか？」になり、「いつまで迷ってるんだよ」という気持ちを伝える反語表現です。bon は元々「よい」という意味の形容詞ですが、会話では「さて」「よし！」と間投詞的に様々な状況で使います。

		生活		
361	☐☐☐	**se reposer** s(ə)r(ə)poze スルポゼ	代動 休息する
362	☐☐☐	**s'asseoir** saswa:r サソワール	代動 座る
363	☐☐☐	**se coucher** s(ə)kuʃe スクシェ	代動 寝る
364	☐☐☐	**dormir** dɔrmi:r ドルミール	動 眠る
365	☐☐☐	**se réveiller** s(ə)revɛje スレヴェイエ	代動 目が覚める
366	☐☐☐	**se lever** s(ə)l(ə)ve スルヴェ	代動 起き上がる
367	☐☐☐	**habiter** abite アビテ	動 住む
368	☐☐☐	**vivre** vi:vr ヴィーヴル	動 生きる

		余暇		
369	☐☐☐	**danser** dɑ̃se ダンセ	動 踊る
370	☐☐☐	**chanter** ʃɑ̃te シャンテ	動 歌う
371	☐☐☐	**jouer** ʒwe ジュエ	動 遊ぶ、演奏する、演技する ★ jouer de... …を演奏する
372	☐☐☐	**amuser** amyze アミュゼ	動 楽しませる

94

☐ ☐ ☐ J'ai besoin de <u>me reposer</u> un peu. ちょっと**休憩**が必要だ	avoir besoin de... …が必要だ
☐ ☐ ☐ <u>Asseyez</u>-<u>vous</u>, je vous en prie. どうぞ、**お座りください**	je vous en prie どうぞ
☐ ☐ ☐ Tu <u>t'es couché</u> tard, hier soir ? 昨日の夜は**寝る**のが遅かったのかい？	tard 副 遅く
☐ ☐ ☐ Je n'arrive pas à <u>dormir</u>. **眠り**につけない	arriver à... …できるようになる
☐ ☐ ☐ Je <u>me suis réveillé</u> en pleine nuit. 真夜中に**目が覚めた**	plein 形 完全な
☐ ☐ ☐ Il vient de <u>se lever</u>. 彼は**起き**たばかりだ	venir de... …したばかりだ
☐ ☐ ☐ Vous <u>habitez</u> seul ? ひとり**暮らし**ですか？	seul 形 ひとりきりの
☐ ☐ ☐ Nous <u>vivons</u> en harmonie avec la nature. 私たちは自然と調和して**生きる**	harmonie 女 調和
☐ ☐ ☐ Elles <u>dansent</u> bien la salsa. 彼女たちはサルサを上手に**踊る**	salsa 女 サルサ
☐ ☐ ☐ Les joueurs <u>chantent</u> la Marseillaise. 選手たちがラ・マルセイエーズを**歌う**	joueur 名 競技者
☐ ☐ ☐ Il <u>joue</u> de la batterie. 彼はドラムを**演奏する**	batterie 女 ドラムス
☐ ☐ ☐ On <u>s'est</u> bien <u>amusés</u>. 私たちはとても**楽しんだ**	

373	☐☐☐	**lire** li:r リール	動 読む
374	☐☐☐	**écrire** ekri:r エクリール	動 書く
375	☐☐☐	**parler** parle パルレ	動 話す
376	☐☐☐	**dire** di:r ディール	動 言う
377	☐☐☐	**appeler** aple アプレ	動 呼ぶ、電話する
378	☐☐☐	**téléphoner** telefɔne テレフォネ	動 電話する
379	☐☐☐	**expliquer** ɛksplike エクスプリケ	動 説明する
380	☐☐☐	**se taire** s(ə)tɛ:r ステール	代動 黙る
381	☐☐☐	**se laver** s(ə)lave スラヴェ	代動 洗う
382	☐☐☐	**nettoyer** nɛtwaje ネトワイエ	動 掃除する
383	☐☐☐	**ranger** rɑ̃ʒe ランジェ	動 片づける
384	☐☐☐	**changer** ʃɑ̃ʒe シャンジェ	動 変える

☐
☐ Tu <u>as lu</u> ce roman ?
☐ 君はこの小説を**読んだ**かい？

roman
男 小説

☐
☐ Il <u>a écrit</u> cette histoire en trois jours.
☐ 彼はこのお話を３日で**書いた**

histoire
女 物語

☐
☐ Elle <u>parle</u> bien espagnol.
☐ 彼女はスペイン語を上手に**話す**

espagnol
男 スペイン語

☐
☐ Qu'est-ce qu'il <u>a dit</u> ?
☐ 彼は何と**言った**の？

qu'est-ce que
代 何を

☐
☐ Vous pouvez <u>appeler</u> un taxi ?
☐ タクシーを**呼ん**でくれますか？

taxi
男 タクシー

☐
☐ Je <u>téléphone</u> à mes parents.
☐ 両親に**電話します**

parents
男 複 両親

☐
☐ Tu peux m'<u>expliquer</u> ce que tu fais là ?
☐ 君がそこで何しているのか**説明して**くれる？

ce que
代 英 what

☐
☐ <u>Taisez-vous</u>, on n'entend rien !
☐ **黙りなさい**。何も聞こえないでしょ！

entendre
動 聞こえる

☐
☐ <u>Lave-toi</u> les mains avant de manger.
☐ 食べる前に手を**洗いなさい**

avant de...
…する前に

☐
☐ Il faut <u>nettoyer</u> la maison.
☐ 家を**きれいにし**なければならない

maison
女 家

☐
☐ Je <u>range</u> ma chambre.
☐ 部屋を**片づける**

chambre
女 寝室

☐
☐ Il <u>a changé</u> de coiffure.
☐ 彼は髪型を**変えた**

coiffure
女 髪型

家事	385	☐☐☐	**élever** elve エルヴェ	動 上げる、育てる
	386	☐☐☐	**soigner** swaɲe ソワニェ	動 世話をする、治す
	387	☐☐☐	**garder** garde ガルデ	動 見張る、保管する
	388	☐☐☐	**couper** kupe クペ	動 切る
	389	☐☐☐	**servir** sɛrvi:r セルヴィール	動 (食事や飲物を) 出す
	390	☐☐☐	**aider** ɛde エデ	動 手伝う
経過	391	☐☐☐	**commencer** kɔmãse コマンセ	動 始める
	392	☐☐☐	**durer** dyre デュレ	動 続く
	393	☐☐☐	**continuer** kɔ̃tinɥe コンティニュエ	動 続ける
	394	☐☐☐	**finir** fini:r フィニール	動 終える
	395	☐☐☐	**cesser** sese セセ	動 中断する
	396	☐☐☐	**arrêter** arete アレテ	動 止める、やめる

☐☐☐ Elle <u>élève</u> seule ses enfants.
彼女はひとりで子供たちを**育てている**

seul
形 ひとりで

☐☐☐ Comment tu <u>as</u> <u>soigné</u> ton mal de gorge ?
喉の痛みはどうやって**治したの**？

gorge
女 喉

☐☐☐ J'<u>ai</u> <u>gardé</u> tous mes vieux cahiers.
私は古いノートをすべて**取ってある**

cahier
男 ノート

☐☐☐ Tu peux <u>couper</u> les légumes ?
野菜を**切ってくれる**？

légume
男 野菜

☐☐☐ Il nous <u>a</u> <u>servi</u> un plat froid.
彼は私たちに冷めた料理を**出した**

froid
形 冷たい

☐☐☐ Je peux vous <u>aider</u> ?
手伝いましょうか？

peux < pouvoir
動 英 can

☐☐☐ Il <u>commence</u> à m'énerver.
彼は私の気に障り**始めた**

énerver
動 いらだたせる

☐☐☐ Ce film <u>dure</u> combien de temps ?
この映画はどのくらい**続きます**か？

combien de...
どのくらいの…

☐☐☐ Il <u>a</u> <u>continué</u> à parler.
彼は話し**続けた**

parler
動 話す

☐☐☐ Tu <u>as</u> <u>fini</u> de manger ?
食べ**終わった**？

manger
動 食べる

☐☐☐ Je n'<u>ai</u> pas <u>cessé</u> de penser à toi.
私は君のことを考えずにはいられない

penser à...
…のことを考える

☐☐☐ Il <u>a</u> <u>arrêté</u> de me draguer.
彼は私を口説くのを**やめた**

draguer
動 ナンパする

買い物	397	☐☐☐	**acheter** aʃte アシュテ	動 買う
	398	☐☐☐	**vendre** vɑ̃:dr ヴァンドル	動 売る
	399	☐☐☐	**donner** dɔne ドネ	動 与える
	400	☐☐☐	**chercher** ʃɛrʃe シェルシェ	動 探す
	401	☐☐☐	**choisir** ʃwazi:r ショワズィール	動 選ぶ
	402	☐☐☐	**coûter** kute クテ	動 値段が…である
	403	☐☐☐	**demander** d(ə)mɑ̃de ドゥマンデ	動 頼む、尋ねる
人の動作	404	☐☐☐	**frapper** frape フラペ	動 叩く
	405	☐☐☐	**pousser** puse プセ	動 押す
	406	☐☐☐	**jeter** ʒ(ə)te ジュテ	動 投げる、捨てる
	407	☐☐☐	**poser** poze ポゼ	動 置く
	408	☐☐☐	**porter** pɔrte ポルテ	動 持つ、着ている

☐☐☐ Il a acheté un nouveau vélo.
彼は新しい自転車を買った

vélo
男 自転車

☐☐☐ J'ai vendu mon appartement.
私は自分のマンションを売った

appartement
男 マンション《集合
住宅内で1世帯用》

☐☐☐ Il m'a donné cette montre.
彼が私にこの時計をくれた

montre
女 腕時計

☐☐☐ Je cherche du travail.
仕事を探している

travail
男 仕事

☐☐☐ Pourquoi tu as choisi ce métier ?
なぜこの職業を選んだの？

métier
男 職業

☐☐☐ Combien ça coûte ?
いくらかかる？

combien
副 どれくらい

☐☐☐ Je peux vous demander quelque chose ?
ちょっとお願いしてもよろしいですか？

quelque chose
代 あること

☐☐☐ Quelqu'un a frappé à la porte.
誰かが扉を叩いた

quelqu'un
代 ある人

☐☐☐ Ils ont poussé la voiture sous la neige.
彼らは雪に埋もれた車を押した

neige
女 雪

☐☐☐ Tu peux aller jeter cette bouteille ?
このびんを捨ててきてくれる？

☐☐☐ Il a posé le paquet sur la table.
彼はその箱を机に置いた

paquet
男 箱、袋

☐☐☐ Elle porte un chapeau assez original.
彼女は一風変わった帽子を被っている

original
形 個性的な

人の動作	409	□ □ □	**saisir** sezi:r セズィール	動 つかむ
	410	□ □ □	**tenir** t(ə)ni:r トゥニール	動 握っている、保つ
	411	□ □ □	**tuer** tɥe チュエ	動 殺す
飲食	412	□ □ □	**boire** bwa:r ボワール	動 飲む
	413	□ □ □	**manger** mãʒe マンジェ	動 食べる
	414	□ □ □	**fumer** fyme フュメ	動 たばこを吸う
学習	415	□ □ □	**travailler** travaje トラヴァイエ	動 働く、勉強する
	416	□ □ □	**étudier** etydje エチュディエ	動 勉強する、検討する
	417	□ □ □	**apprendre** aprã:dr アプランドル	動 学ぶ、教える
	418	□ □ □	**comprendre** kɔ̃prã:dr コンプランドル	動 理解する
	419	□ □ □	**enseigner** ãseɲe アンセニェ	動 教える
	420	□ □ □	**oublier** ublije ウブリエ	動 忘れる

☐
☐ Il faut <u>saisir</u> sa chance.
☐ チャンスは**つかま**なければならない

chance
女 機会

☐
☐ Qu'est-ce qu'il <u>tient</u> dans sa main ?
☐ 彼は手の中に何を**持っている**の？

qu'est-ce que
代 何を

☐
☐ La chaleur <u>tue</u> les bactéries.
☐ 熱が細菌を**殺す**

chaleur
女 熱

☐
☐ Il <u>a bu</u> son verre d'un trait.
☐ 彼は一気にグラスを**飲み**干した

d'un trait
一気に

☐
☐ Je <u>mange</u> de tout.
☐ 私は何でも**食べます**

de tout
何でも

☐
☐ Elle ne <u>fume</u> plus.
☐ 彼女は**たばこを吸わ**なくなった

ne... plus
もはや…ない

☐
☐ Tu <u>travailles</u> trop.
☐ 君は**働き**すぎだよ

trop
副 …すぎる

☐
☐ Nous allons <u>étudier</u> votre demande.
☐ あなたの申請について**検討いたします**

demande
女 申し込み

☐
☐ J'<u>ai appris</u> beaucoup de choses avec toi.
☐ 君と一緒にたくさんのことを**学びました**

beaucoup de...
たくさんの…

☐
☐ Je ne <u>comprends</u> pas ce qu'il dit.
☐ 彼が言っていることは**わかりません**

ce que
代 英 what

☐
☐ Elle <u>enseigne</u> l'histoire du Japon à l'université.
☐ 彼女は日本史を大学で**教えている**

histoire
女 歴史

☐
☐ Ils <u>ont oublié</u> mon anniversaire !
☐ 彼らは私の誕生日を**忘れた**の！

anniversaire
男 誕生日

25. 横になっている友だちを見て

A : Tu <u>dors</u> ?

B : Non, je <u>me</u> <u>repose</u> un peu, c'est tout.

A : 寝ているの？

B : いや、ちょっと休んでいるだけ。

c'est tout は前のことを受けて、「それだけですよ」と言いたいときによく使う表現です。

26. 知らない人に頼み事をするとき

A : Je peux vous <u>demander</u> un service ?

B : <u>Dites</u> toujours !

A : ひとつお願いしてもいいですか？

B : とりあえず言ってみてください。

« Dites toujours ! » は成句表現で、相手に発言を促すために使います。友だち同士であれば、« Dis toujours ! » と言いますよ。

■ 27. 車の購入を考えている2人

A : Elle est bien, cette voiture ! On l'<u>achète</u> ?
B : Elle <u>coûte</u> un peu cher, non ?

A : この車、いいね！　買っちゃおうか？
B : ちょっと高いんじゃない？

cher はここでは副詞として使われているため、elle (= voiture) と性数一致させません。coûter cher はひとまとまりで覚えましょう。

■ 28. 旅先で英語を使うことになり…

A : Tu n'<u>as</u> pas <u>appris</u> l'anglais, toi ?
B : Si, mais j'<u>ai</u> tout <u>oublié</u> !

A : 英語は習っていなかったの？
B : いや、習っていたけど全部忘れたよ！

否定疑問文（…ではないのですか？）に対して、「いや、違う」と答えるときは si を使います。「そのとおり」と伝えたいときは non と言います。日本語では「はい」と答えるところで、フランス語の逆になるので注意。

はい、いいえ

自分の答えが否定文なら non。
相手の質問が否定文で、自分の答えが肯定文なら si。
相手の質問が肯定文で、自分の答えも肯定文なら oui。

à

- ❶ …へ、…に《場所》
- ❷ …へ、…に《時間》
- ❸ …の《所属》
- ❹ …に対して《対象》
- ❺ …用の《用途・目的》
- ❻ …のある、…入り《付属・特徴》
- ❼ …の、…で《値段》
- ❽ 〈à＋不定詞〉…するための、…用の

----

1. 〈場所〉

J'habite à Hokkaido.　北海道に住んでいます。

2. 〈時間〉

Je vais chez le coiffeur à quinze heures.　15 時に理髪店に行く。

3. 〈所属〉

Ce sac est à moi.　このバッグは私のものです。

4. 〈対象〉

Il a offert des fleurs à sa femme.　彼は妻に花束を贈った。

5. 〈用途〉

Je ne trouve pas ma brosse à dents.　私の歯ブラシが見つからない。

6. 〈特徴〉

Vous aimez les glaces à la vanille ?　バニラアイスはお好きですか?

7. 〈値段〉

Je vais prendre le menu à vingt euros.　20 ユーロのコースにします。

8. 〈à ＋不定詞〉

Il y a quelque chose à manger dans le frigo ?
冷蔵庫に何か食べるものはある?

de

❶ …の《所属》
❷ …から(の)《出発点》
❸ …から(の)《由来》
❹ …による《原因》
❺ …の《内容》
❻ …の《材質》
❼ …の《数量》
❽ 〈de A à B〉AからBまで

1. 〈所属〉

Est-ce que tu as l'adresse mail de Julie ?
ジュリーのメールアドレスを知っている?

2. 〈出発点〉

Je pars de chez moi demain. 明日自宅を発ちます。

3. 〈由来〉

Vous venez d'où ? どこ出身ですか?

4. 〈原因〉

Je meurs de faim ! お腹が空いて死にそうだ!

5. 〈内容〉

Et une carafe d'eau, s'il vous plaît. あと、お水もください。

6. 〈材質〉

Elle a eu la médaille d'or ! 彼女は金メダルを取った!

7. 〈数量〉

L'avion a un retard de deux heures. 飛行機は2時間遅れている。

8. 〈de A à B〉

Je suis au Sénégal du vingt et un juin au trois juillet.
6月21日から7月3日の間、セネガルに滞在します。

421	☐☐☐	**nouveau, nouvelle** nuvo, nuvɛl ヌヴォ、ヌヴェル	形 新しい ＊母音で始まる男性名詞の前 では nouvel
422	☐☐☐	**vieux, vieille** vjø, vjɛj ヴィユ、ヴィエイユ	形 古い、高齢の ＊母音で始まる男性名詞の前 では vieil
423	☐☐☐	**ancien, ancienne** ɑ̃sjɛ̃, -ɛn アンスィヤン（エヌ）	形 昔の、元の
424	☐☐☐	**chaud(e)** ʃo, ʃo:d ショ（ド）	形 熱い、暑い
425	☐☐☐	**froid(e)** frwa, -ad フロワ（ド）	形 冷たい、寒い
426	☐☐☐	**frais, fraîche** frɛ, frɛʃ フレ（シュ）	形 涼しい、冷たい、 新鮮な
427	☐☐☐	**grand(e)** grɑ̃, grɑ̃:d グラン（ド）	形 大きい
428	☐☐☐	**petit(e)** p(ə)ti, -it プティ（ト）	形 小さい
429	☐☐☐	**large** larʒ ラルジュ	形 幅の広い、大きい
430	☐☐☐	**étroit(e)** etrwa, -at エトロワ（ト）	形 狭い
431	☐☐☐	**†haut(e)** o, o:t オ（ート）	形 高い
432	☐☐☐	**bas, basse** bɑ, bɑ:s バ（ース）	形 低い

Ce groupe a sorti un <u>nouvel</u> album.
このグループは**新しい**アルバムを出した

sortir
動 発売される

C'est un <u>vieux</u> livre.
これは**古い**本だ

livre
男 本

C'est mon <u>ancienne</u> adresse.
これは**前の**住所です

adresse
女 住所

Il fait <u>chaud</u> aujourd'hui !
今日は**暑い**な！

Il fait...
（天気が）…だ

Tu n'as pas <u>froid</u>, en t-shirt ?
Ｔシャツで**寒くない**の？

t-shirt
男 Ｔシャツ

Le champagne est bien <u>frais</u>.
シャンパンがよく**冷えて**いる

champagne
男 シャンパン

Cette robe est trop <u>grande</u> pour moi.
このドレスは私には**大き**すぎる

robe
女 ドレス

Quand j'étais <u>petit</u>, j'étais assez timide.
小さかった頃、私は結構シャイでした

timide
形 内気な

Ce rugbyman est très <u>large</u> d'épaules.
このラグビー選手は肩幅がとても**広い**

épaule
女 肩

La rue est <u>étroite</u>.
道が**狭い**

rue
女 道

L'Everest est la plus <u>haute</u> montagne du monde.
エベレストは世界で最も**高い**山だ

montagne
女 山

Le prix du café est plus <u>bas</u>, ici.
ここのコーヒーの値段はもっと**安い**

prix
男 価格

433	**heureux, heureuse** ørø, -øːz ウル（ーズ）	形 幸せな
434	**malheureux, malheureuse** malœrø, -øːz マルル（ーズ）	形 不幸な
435	**triste** trist トリスト	形 悲しい
436	**cher, chère**[1] ʃɛːr シェール	形 愛しい
437	**charmant(e)** ʃarmɑ̃, -ɑ̃ːt シャルマン（ト）	形 魅力的な
438	**aimable** ɛmabl エマブル	形 愛想のよい
439	**sympathique** sɛ̃patik サンパティク	形 感じのいい ⇒《略》sympa
440	**joyeux, joyeuse** ʒwajø, -øːz ジョワイユ（ーズ）	形 陽気な
441	**gentil, gentille** ʒɑ̃ti, -ij ジャンティ（ユ）	形 親切な
442	**honnête** ɔnɛt オネト	形 正直な
443	**méchant(e)** meʃɑ̃, -ɑ̃ːt メシャン（ト）	形 意地悪な
444	**timide** timid ティミド	形 内気な

☐
☐ Avec toi, je me sens <u>heureux</u>.
☐ 君といると**幸福を**感じる

se sentir
[代動] 自分が…だと
　　　感じる

☐
☐ Il est toujours <u>malheureux</u> en amour.
☐ 彼はいつも**不幸な**恋愛をする

amour
[男] 愛、恋愛

☐
☐ Ils sont <u>tristes</u> de devoir rentrer chez eux.
☐ 家に帰らなければならないので彼らは**悲しい**

rentrer
[動] 帰る

☐
☐ <u>Chère</u> Alice,...
☐ アリス**へ**…

☐
☐ Cette femme est <u>charmante</u>.
☐ この女性は**魅力的だ**

femme
[女] 女性

☐
☐ Il est <u>aimable</u> avec tout le monde.
☐ 彼は誰に対しても**愛想がいい**

tout le monde
みんな

☐
☐ Elle est très <u>sympa</u>.
☐ 彼女はとても**感じがいい**

☐
☐ <u>Joyeux</u> anniversaire !
☐ お誕生日**おめでとう**！

anniversaire
[男] 誕生日

☐
☐ Ce garçon est <u>gentil</u>.
☐ この男の子は**優しい**

garçon
[男] 男の子

☐
☐ Il n'est pas <u>honnête</u> avec moi.
☐ 彼は私に対して**不誠実だ**

☐
☐ Elles ont été <u>méchantes</u> avec leur cousine.
☐ 彼女たちはいとこに対して**意地悪だった**

cousin
[名] いとこ

☐
☐ J'ai toujours été <u>timide</u>.
☐ 私は昔からずっと**シャイ**です

toujours
[副] ずっと

111

445	**bizarre** bizaːr ビザール	形 変な
446	**fou, folle** fu, fɔl フ, フォル	形 気の狂った ＊母音で始まる男性名詞の前では fol
447	**bête** bɛt ベト	形《話》ばかな
448	**beau, belle** bo, bɛl ボ, ベル	形 美しい ＊母音で始まる男性名詞の前では bel
449	**prêt(e)** prɛ, -ɛt プレ（ト）	形 用意のできた
450	**surpris(e)** syrpri, -iːz スュルプリ（ーズ）	形 驚いた
451	**célèbre** selɛbr セレブル	形 有名な
452	**riche** riʃ リシュ	形 裕福な、豊富な
453	**pauvre** poːvr ポーヴル	形 貧しい、 かわいそうな
454	**gros, grosse** gro, -oːs グロ（ース）	形 太った、厚い
455	**mince** mɛ̃ːs マンス	形 細い、薄い
456	**maigre** mɛgr メグル	形 痩せた

Il est un peu <u>bizarre</u>, non ?
彼ってちょっと**変**じゃない？

un peu
少し

Vous êtes <u>fou</u> de sortir sans manteau !
コートを着ないで外出するなんて**どうかして**ますよ！

manteau
男 コート

Ce n'est pas <u>bête</u>, comme idée !
なかなか**良い**案だね！

idée
女 アイディア

Cette œuvre d'art est vraiment <u>belle</u>.
この芸術作品は本当に**美しい**

œuvre
女 作品

C'est bon, vous êtes <u>prêts</u> à partir ?
さあ、出発する**準備はできました**か？

partir
動 出発する

Il a l'air <u>surpris</u>.
彼は**驚いて**いるようだ

air
男 様子

C'est un écrivain <u>célèbre</u>.
有名な作家だ

écrivain
名 作家

Ils viennent d'une famille très <u>riche</u>.
彼らはとても**裕福な**家庭の出身だ

viennent < venir
動

Ce repas est <u>pauvre</u> en calories.
この食事はカロリーが**低い**

repas
男 食事

Tu me trouves <u>grosse</u> ?
私のことを**太っている**と思う？

trouver A B
A が B だと思う

L'espoir est <u>mince</u>.
望みは**薄い**

espoir
男 希望

Ces mannequins sont trop <u>maigres</u>.
これらのファッションモデルたちは**痩せ**すぎている

mannequin
男 ファッションモデル

113

人の状態・性質	457	☐☐☐	**fort(e)** fɔːr, -ɔrt フォール(ト)	形	強い
	458	☐☐☐	**faible** fɛbl フェブル	形	弱い
	459	☐☐☐	**âgé(e)** ɑʒe アジェ	形	高齢の
	460	☐☐☐	**jeune** ʒœn ジュヌ	形	若い
	461	☐☐☐	**joli(e)** ʒɔli ジョリ	形	きれいな
	462	☐☐☐	**blessé(e)** blese ブレセ	形	負傷した
	463	☐☐☐	**malade** malad マラド	形	病気の
判断・評価	464	☐☐☐	**agréable** agreabl アグレアブル	形	快い
	465	☐☐☐	**doux, douce** du, dus ドゥ(ス)	形	甘い、穏やかな
	466	☐☐☐	**parfait(e)** parfɛ, -ɛt パルフェ(ト)	形	完璧な
	467	☐☐☐	**possible** pɔsibl ポスィブル	形	可能な
	468	☐☐☐	**impossible** ɛ̃pɔsibl アンポスィブル	形	不可能な

Partie 8

□
□
□ C'est <u>fort</u>, comme alcool !
アルコールが**強い**な！

alcool
男 アルコール

□
□
□ Je me sens un peu <u>faible</u>.
体のだるさが少しあります

se sentir
代動 自分が…だと
感じる

□
□
□ De plus en plus de personnes <u>âgées</u>
travaillent.
ますます多くの**高齢**者が働いています

de plus en plus de...
ますますたくさんの…

□
□
□ Ce vin est un peu <u>jeune</u>.
このワインは少し**若い**

vin
男 ワイン

□
□
□ Ces fleurs sont très <u>jolies</u>.
これらの花はとても**美しい**

fleur
女 花

□
□
□ Personne n'est <u>blessé</u> ?
誰も**ケガして**ない？

personne
代 《ne とともに》
誰も…ない

□
□
□ Tu es <u>malade</u> ?
病気なの？

□
□
□ On a passé un week-end très <u>agréable</u>.
私たちはとても**すてきな**週末を過ごしました

passer
動 過ごす

□
□
□ J'ai pris une bouteille de cidre <u>doux</u>.
甘口のシードルを１本注文しました

bouteille
女 ボトル

□
□
□ Merci pour le dîner : tout a été <u>parfait</u> !
夕食、ありがとうございました。すべてが**完璧**でした！

dîner
男 夕食

□
□
□ C'est <u>possible</u> de prendre des photos ?
写真を撮ることは**可能**でしょうか？

prendre
英 take

□
□
□ Je regrette, c'est <u>impossible</u>.
申し訳ありませんが、それは**無理**です

regretter
動 残念に思う

115

469	☐☐☐	**facile** fasil ファスィル	形 簡単な
470	☐☐☐	**difficile** difisil ディフィスィル	形 難しい
471	☐☐☐	**dur(e)** dy:r デュール	形 固い、難しい
472	☐☐☐	**bon, bonne** bɔ̃, -ɔn ボン (ヌ)	形 よい、おいしい
473	☐☐☐	**meilleur(e)** mɛjœ:r メイユール	形 よりよい
474	☐☐☐	**bien** bjɛ̃ ビヤン	副 よく、非常に
475	☐☐☐	**mieux** mjø ミュ	副 よりよく
476	☐☐☐	**mauvais(e)** mɔvɛ, -ɛ:z モヴェ (ーズ)	形 悪い
477	☐☐☐	**mal** mal マル	副 悪く
478	☐☐☐	**terrible** teribl テリブル	形 ひどい、 すさまじい
479	☐☐☐	**sûr(e)** sy:r スュール	形 確信した
480	☐☐☐	**intéressant(e)** ɛ̃terɛsɑ̃, -ɑ̃:t アンテレサン (ト)	形 興味深い

☐ ☐ ☐	C'est <u>facile</u> de critiquer. 批判するのは**簡単**だ	critiquer **動** 非難する
☐ ☐ ☐	Ce jeu est <u>difficile</u>. このゲームは**難しい**	jeu **男** ゲーム
☐ ☐ ☐	Le pain est trop <u>dur</u>. そのパンは**固**すぎる	pain **男** パン
☐ ☐ ☐	Il a un <u>bon</u> salaire. 彼は**いい**給料をもらっている	salaire **男** 給料
☐ ☐ ☐	Elle est <u>meilleure</u> que moi en anglais. 彼女は私より英語が**できる**	anglais **男** 英語
☐ ☐ ☐	Je suis <u>bien</u>, avec toi. 君といると、**落ち着く**よ	
☐ ☐ ☐	Ça va <u>mieux</u> ? **元気になった**？	
☐ ☐ ☐	Il a eu une <u>mauvaise</u> note. 彼は**悪い**成績を取った	note **女** 成績
☐ ☐ ☐	Je me sens un peu <u>mal</u>. ちょっと体調が**悪い**	se sentir **代動** 自分が…だと 感じる
☐ ☐ ☐	La tempête était <u>terrible</u>. **ひどい**嵐だった	tempête **女** 嵐
☐ ☐ ☐	Vous êtes <u>sûr</u> de votre choix ? 本当にそれで**よろしい**のですか？	choix **男** 選択
☐ ☐ ☐	C'est un film <u>intéressant</u>. これは**面白い**映画だよ	film **男** 映画

■ 29. 古い教会をガイドさんと一緒に訪れて

A : Cette église est très <u>ancienne</u> ?
B : Oui, et en plus, elle est en très <u>bon</u> état.

A : この教会はとても古いんですよね？
B : そうなんです。それと、状態も実にいいのです。

en plus は「さらに」という意味の決まりきった表現。類似の表現に de plus や qui plus est がありますが、より堅い印象を与えます。bon は通常 /bɔ̃ ボン/ と読みますが、ここでは後ろとつながって /bone ボネ/ となります。

■ 30. 天気について話して

A : Il fait un peu <u>frais</u>, tu ne trouves pas ?
B : Tu sais, moi, j'ai toujours <u>chaud</u> !

A : ちょっと涼しくない？
B : まあ、自分は暑がりだからなー。

同じ「暑い」でも、天気について言うのであれば « Il fait chaud. »、自分自身が暑いのであれば « J'ai chaud. » と使い分けます。froid（寒い）でも同様に、« Il fait froid. » と « J'ai froid. » となります。このやり取りの中の tu sais は、文章全体の主張を強める表現です。

■ 31. 共通の知り合いの話になり…

A : L'autre fois, Anne a été très <u>gentille</u> avec moi.
B : Ah bon ? C'est bizarre. D'habitude, elle est <u>froide</u> avec tout le
　　monde.

A : この前、アンヌが私にとても優しくしてくれたんだ。
B : え、そうなの？　おかしいな。普段は誰に対しても冷たいんだけど。

« Ah bon ? » は「そうなの？」と驚きを表すときに使う、とっても便利な表現です。

■ 32. 映画を観た後…

A : Tu as trouvé le film <u>intéressant</u> ?
B : Oui, il est <u>meilleur</u> que le précédent.

A : 映画、面白かった？
B : うん、前作よりよかったね。

trouver は「見つける」だけでなく、「思う」「みなす」という意味で使うこともあ
ります。

判断・評価

仏検 5級 その他

481	**grave** gra:v グラーヴ	形 重大な
482	**faux, fausse** fo, fo:s フォ (ース)	形 間違った、偽の
483	**correct(e)** kɔrɛkt コレクト	形 正しい
484	**vrai(e)** vrɛ ヴレ	形 本当の、真の
485	**vraiment** vrɛmɑ̃ ヴレマン	副 本当に
486	**certain(e)** sɛrtɛ̃, -ɛn セルタン (テヌ)	形 確実な、とある
487	**certainement** sɛrtɛnmɑ̃ セルテヌマン	副 確実に、おそらく
488	**rare** rɑ:r ラール	形 珍しい
489	**cher, chère²** ʃɛ:r シェール	形 高価な
490	**amusant(e)** amyzɑ̃, -ɑ̃:t アミュザン (ト)	形 楽しい
491	**égal(e)** egal エガル	形 同等の、平等な (男)(複) **égaux** /ego/
492	**libre** libr リブル	形 自由な

120

□
□ La situation est <u>grave</u>.
□ 状況は**深刻だ**

situation
女 状況

□
□ C'est un <u>faux</u> billet.
□ これは**偽**札だ

billet
男 紙幣

□
□ Une tenue <u>correcte</u> est exigée.
□ **正装**でお越しください

tenue
女 服装

□
□ Tu es un <u>vrai</u> ami pour moi.
□ 君は私にとって**本当の**友だちだよ

ami
名 友だち

□
□ Je suis <u>vraiment</u> content pour toi.
□ **本当に**よかったね

content
形 満足である

□
□ C'est sûr et <u>certain</u>.
□ それは**確実だ**

sûr
形 確信している

□
□ Je vais <u>certainement</u> déménager en janvier.
□ **おそらく**1月に引っ越すだろう

déménager
動 引っ越す

□
□ On utilise des métaux <u>rares</u> pour les
□ smartphones.
□ スマートフォンには**レア**メタルが使われている

utiliser
動 使う

□
□ Cette montre est trop <u>chère</u> !
□ この時計は**高**すぎる！

montre
女 時計

□
□ Je vais vous raconter une anecdote <u>amusante</u>.
□ **面白い**話をしてあげよう

anecdote
女 逸話

□
□ Tous les hommes sont <u>égaux</u>.
□ 人類みな**平等だ**

homme
男 人間

□
□ « Entrée <u>libre</u>. »
□ 入場**無料**

entrée
女 入場

493	☐☐☐	**plutôt** plyto プリュト	副	むしろ
494	☐☐☐	**juste** ʒyst ジュスト	副	ただ…だけ
495	☐☐☐	**aujourd'hui** oʒurdɥi オジュルデュイ	副	今日
496	☐☐☐	**demain** d(ə)mɛ̃ ドゥマン	副	明日
497	☐☐☐	**hier** jɛːr イエール	副	昨日
498	☐☐☐	**bientôt** bjɛ̃to ビヤント	副	間もなく
499	☐☐☐	**longtemps** lɔ̃tɑ̃ ロンタン	副	長い間
500	☐☐☐	**maintenant** mɛ̃tnɑ̃ マントナン	副	今
501	☐☐☐	**prochain(e)** prɔʃɛ̃, -ɛn プロシャン (シェヌ)	形	この次の
502	☐☐☐	**dernier, dernière** dɛrnje, -ɛːr デルニエ (ール)	形	最後の、この前の
503	☐☐☐	**tôt** to ト	副	早く
504	☐☐☐	**tard** taːr タール	副	遅く

☐☐☐ Je vais <u>plutôt</u> prendre un cappuccino.
それよりカプチーノにしようかな

prendre
動 英 take

☐☐☐ C'est <u>juste</u> une amie !
ただの友だちだって！

ami
名 友だち

☐☐☐ Nous sommes le combien, <u>aujourd'hui</u> ?
今日は何日ですか？

combien
男 何日

☐☐☐ <u>Demain</u>, il va pleuvoir.
明日は雨が降るでしょう

pleuvoir
動 雨が降る

☐☐☐ J'ai trop bu <u>hier</u> soir.
昨晩は飲みすぎた

bu < boire
動 飲む

☐☐☐ Ce film sort <u>bientôt</u> en salle.
この映画は**まもなく**封切られる

salle
女 部屋、映画館

☐☐☐ Elle est partie il y a <u>longtemps</u> ?
彼女は**ずいぶん**前に出発したの？

partie < partir
動 出発する

☐☐☐ Tu fais quoi comme travail, <u>maintenant</u> ?
今は何の仕事しているの？

quoi
代 何

☐☐☐ A la semaine <u>prochaine</u> !
また**来週**！

semaine
女 週

☐☐☐ On s'est rencontrés l'année <u>dernière</u>.
私たちは**去年**出会いました

se rencontrer
代動 出会う

☐☐☐ Je n'arrive pas à me lever <u>tôt</u> le matin.
私は朝**早く**起きられない

se lever
代動 起きる

☐☐☐ C'est trop <u>tard</u>, à présent.
今となっては**遅**すぎる

à présent
今は

505	**ici** isi イスィ	副 ここに
506	**là** la ラ	副 そこ
507	**là-bas** labɑ ラバ	副 あそこに
508	**proche** prɔʃ プロシュ	形 近い
509	**près** prɛ プレ	副 近く
510	**loin** lwɛ̃ ロワン	副 遠く
511	**dedans** d(ə)dɑ̃ ドゥダン	副 中に
512	**dehors** dəɔːr ドゥオール	副 外に
513	**ensuite** ɑ̃sɥit アンスュイト	副 次に
514	**puis** pɥi ピュイ	副 それから
515	**enfin** ɑ̃fɛ̃ アンファン	副 ついに、結局
516	**ainsi** ɛ̃si アンスィ	副 このように

☐☐☐ « Vous êtes <u>ici</u>. »
現在地

☐☐☐ Tout le monde est <u>là</u> ?
みんないますか？

| tout le monde |
| みんな |

☐☐☐ Pour la détaxe, c'est <u>là-bas</u>.
免税なら**あそこ**ですよ

| détaxe |
| 女 免税 |

☐☐☐ L'aéroport est <u>proche</u> du centre-ville.
空港は市街地の中心**から近い**

| centre-ville |
| 男 中心街 |

☐☐☐ J'habite <u>près</u> de Genève.
ジュネーブの**近くに**住んでいます

| habiter |
| 動 住む |

☐☐☐ La station est <u>loin</u> d'ici ?
駅はここから**遠い**ですか？

| d'ici |
| ここから |

☐☐☐ Qu'est-ce qu'il y a, <u>dedans</u> ?
中に何がありますか？

☐☐☐ Ne restez pas <u>dehors</u>, avec ce froid !
この寒さの中、**外に**居続けないでください！

| rester |
| 動 とどまる |

☐☐☐ Et <u>ensuite</u>, qu'est-ce qu'il faut faire ?
次は何をしなければならないの？

| il faut... |
| …しなければならない |

☐☐☐ Nous sommes allés à Prague, <u>puis</u> à Amsterdam.
私たちはプラハ、**それから**アムステルダムに行きました

☐☐☐ On est <u>enfin</u> arrivés !
やっと着いた！

| arriver |
| 動 着く |

☐☐☐ Pourquoi me regardez-vous <u>ainsi</u> ?
どうして私を**そんな**目で見るのですか？

| pourquoi |
| 副 なぜ |

時・場所・空間	517	☐☐☐	**alors** alɔːr アロール	副 それでは、 そのとき
	518	☐☐☐	**aussi** osi オスィ	副 …もまた
	519	☐☐☐	**peut-être** pøtɛtr プテトル	副 もしかすると
	520	☐☐☐	**voici** vwasi ヴォワスィ	副 ここに…がある
	521	☐☐☐	**voilà** vwala ヴォワラ	副 そこに…がある
	522	☐☐☐	**ensemble** ɑ̃sɑ̃ːbl アンサンブル	副 一緒に
頻度・程度・数量	523	☐☐☐	**trop** tro, trɔ トロ	副 あまりに
	524	☐☐☐	**beaucoup** boku ボク	副 たくさん
	525	☐☐☐	**assez** ase アセ	副 十分に
	526	☐☐☐	**peu** pø プ	副 少し ＊un peu は「少しはある」、 peu は「わずかしかない」と いうニュアンス
	527	☐☐☐	**seulement** sœlmɑ̃ スルマン	副 …だけ
	528	☐☐☐	**toujours** tuʒuːr トゥジュール	副 いつも

☐☐☐ Qu'est-ce qu'il t'a dit, <u>alors</u> ?
そのとき彼は君に何て言ったの？

dit < dire
動 言う

☐☐☐ Moi <u>aussi</u>, j'aime bien cette comédie musicale.
私**も**このミュージカルが好きです

comédie
女 芝居

☐☐☐ J'ai <u>peut-être</u> trop mangé.
多分食べすぎました

manger
動 食べる

☐☐☐ <u>Voici</u> mes coordonnées.
こちらが私の連絡先です

coordonnées
女 複 連絡先

☐☐☐ Attention, <u>voilà</u> le prof !
おい、先生が来たぞ！

attention
女 注意

☐☐☐ On y va <u>ensemble</u> ?
そこに**一緒に**行こうか？

y
代 そこに

☐☐☐ J'ai <u>trop</u> de travail.
仕事が**多すぎる**

travail
男 仕事

☐☐☐ J'ai <u>beaucoup</u> aimé ce spectacle.
このショーが**とても**気に入りました

spectacle
男 ショー、興行

☐☐☐ Il n'y a pas <u>assez</u> de lumière.
光が足りない

lumière
女 光

☐☐☐ Je connais <u>peu</u> de choses sur lui.
私は彼について**あまり知らない**

connais < connaître
動 知っている

☐☐☐ Il a <u>seulement</u> cinq euros.
彼は**たった5ユーロしか**持ってない

euro
男 ユーロ

☐☐☐ Tu arrives <u>toujours</u> en retard.
君は**いつも**遅れて来る

en retard
遅れて

127

529	☐☐☐	**souvent** suvɑ̃ スヴァン	副 しばしば、よく
530	☐☐☐	**parfois** parfwa パルフォワ	副 時には
531	☐☐☐	**jamais** ʒamɛ ジャメ	副 決して ★ ne... jamais 一度も…ない
532	☐☐☐	**déjà** deʒa デジャ	副 すでに
533	☐☐☐	**encore** ɑ̃kɔːr アンコール	副 まだ、再び
534	☐☐☐	**plus** ply, plys プリュ(ス)	副 もっと、より多く ★ en plus そのうえ
535	☐☐☐	**autant** otɑ̃ オタン	副 同じくらい
536	☐☐☐	**moins** mwɛ̃ モワン	副 より少なく
537	☐☐☐	**plusieurs** plyzjœːr プリュズュール	形 いくつもの
538	☐☐☐	**quelque** kɛlk ケルク	形 いくつかの
539	☐☐☐	**environ** ɑ̃virɔ̃ アンヴィロン	副 およそ
540	☐☐☐	**presque** prɛsk プレスク	副 ほとんど

☐☐☐ Ils sont <u>souvent</u> ensemble.
彼らは**よく**一緒にいる

ensemble
副 一緒に

☐☐☐ <u>Parfois</u>, je ne te comprends pas.
ときどき君のことがわからなくなる

comprends <
comprendre
動 理解する

☐☐☐ Je n'ai <u>jamais</u> fumé de ma vie.
私は人生で**一度も**たばこを吸ったことが**ない**

fumer
動 たばこを吸う

☐☐☐ Tu as <u>déjà</u> dîné ?
もう夕飯は食べた？

dîner
動 夕食をとる

☐☐☐ Il reste <u>encore</u> des choses à manger ?
食べ物は**まだ**残っている？

chose
女 もの

☐☐☐ Et <u>en plus</u>, il est riche !
しかも彼はお金持ちなんだって！

riche
形 金持ちの

☐☐☐ Cette bague coûte <u>autant</u> qu'une maison.
この指輪は家と**同じぐらいの**値段だ

bague
女 指輪

☐☐☐ Vous pouvez faire un peu <u>moins</u> de bruit ?
もう少し音を立てないでくれますか？

bruit
男 騒音

☐☐☐ <u>Plusieurs</u> semaines sont passées.
何か月も過ぎた

passer
動 過ぎる

☐☐☐ J'ai appris <u>quelques</u> mots en japonais.
日本語の単語を**いくつか**学びました

appris < apprendre
動 学ぶ

☐☐☐ Il y avait <u>environ</u> cent personnes.
およそ 100 人いた

personne
女 人

☐☐☐ Elle est <u>presque</u> guérie.
彼女は**ほとんど**回復した

guérie < guérir
動 治る

33. パーティーに誘われて…

A : Allez, viens avec nous, ça va être <u>amusant</u> !
B : Non, <u>vraiment</u>, ça ne m'intéresse pas...

A : 私たちについてきなよ。面白いことになるから！
B : いや、本当に興味ないので…。

vraiment は強調としてよく使われる副詞です。

例： Vraiment, merci !　ありがとうございます、本当に！

34. 同僚同士で話していて…

A : C'est quand, la <u>prochaine</u> réunion ?
B : Mardi <u>prochain</u>. Ce sera à dix heures, comme la semaine <u>dernière</u>.

A : 次の会議はいつですか？
B : 来週の火曜日ですね。先週同様、10 時です。

prochain(e) と dernier / dernière は位置によって意味が変わります。

prochain ＋ 名詞	次の、次回の
名詞 ＋ prochain	日付の表現で「来…」、来る
dernier ＋ 名詞	最後の、最終の、最近の
名詞 ＋ dernier	日付の表現で「先…」、この前の

■ 35. コーヒーに砂糖を入れてもらって…

A : C'est bon, il y a <u>assez</u> de sucre, comme ça ?
B : Houlà, il y en a <u>trop</u>, là !

A : これで大丈夫かな？　砂糖は十分ある？
B : うわ、入れすぎだよ、これは！

c'est bon は「おいしい」だけではなく、この会話中のように「大丈夫」という意味でも使うことができます。また、次の例のように拒否するときにも使われます。

例：　C'est bon, arrête !　もういいから、やめて！

■ 36. 共通の知り合いの年齢について

A : Matthieu, il est beaucoup <u>plus</u> âgé que moi, non ?
B : Mais non, il a trois ans de <u>moins</u> que toi.

A : マチューって、僕より結構年上だよね？
B : そんなことないって。君より3歳年下だよ。

« Mais non. » の mais には「しかし」という意味はなく、non を強調する役割を果たしています。

例：　Mais oui !　そうですとも！
　　　Mais bien sûr !　もちろんですとも！

en

❶ …に、…で《場所》
❷ …に《時間》
❸ …で《期間》
❹ …において《分野》
❺ …の状態で《状態》
❻ …でできた《材質》
❼ …で、…によって《手段》

1. 〈場所〉

On a fait une promenade en forêt.　私たちは森を散策した。

2. 〈時間〉

Je suis née en mille neuf cent quatre-vingt-sept.
1987 年生まれなの。

3. 〈期間〉

J'ai fait quatre cents biscuits en une journée.
1日でビスケットを 400 枚作った。

4. 〈分野〉

Il est fort en français.　彼はフランス語が得意だ。

5. 〈状態〉

La voiture est en panne.　車は故障中だ。

6. 〈材質〉

Elle a une montre en or.　彼女は金の時計を持っている。

7. 〈手段〉

C'est écrit en japonais.　日本語で書かれています。

par

⸱⸱⸱

❶ …を通って、…から
❷ …に《位置》
❸ …につき、…当たり《配分》
❹ …によって、…を使って《手段》
❺ …を介して

⸱⸱⸱

1. 〈通過〉

Il faut passer par cette rue.
この通りを経由して行かなければなりません。

2. 〈位置〉

La sortie est par là.　出口はあちら側にあります。

3. 〈配分〉

Je fais du sport trois fois par semaine.
スポーツを週に3回しています。

4. 〈手段〉

Vous payez par carte ?　カードでのお支払いですか?

5. 〈媒介〉

J'ai eu des billets de ce concert par un ami.
友だちを介してこのコンサートのチケットを手に入れた。

541	☐☐☐	le **cou** ku ク	男	首
542	☐☐☐	l' **épaule** epo:l エポール	女	肩
543	☐☐☐	le **dos** do ド	男	背中
544	☐☐☐	la **côte** ko:t コート	女	わき腹
545	☐☐☐	les **cheveux** ʃ(ə)vø シュヴ	男 ⑧	髪の毛
546	☐☐☐	la **joue** ʒu ジュ	女	ほお
547	☐☐☐	la **dent** dɑ̃ ダン	女	歯
548	☐☐☐	la **lèvre** lɛ:vr レーヴル	女	唇
549	☐☐☐	le **doigt** dwa ドワ	男	指
550	☐☐☐	le **genou** ʒ(ə)nu ジュヌ	男	膝 (⑧ genoux)
551	☐☐☐	le **ventre** vɑ̃:tr ヴァントル	男	腹
552	☐☐☐	la **poitrine** pwatrin ポワトリヌ	女	胸

☐☐☐ Elle a passé ses bras autour de mon <u>cou</u>.
彼女は私の**首**に抱きついた

| autour de...
| …の周りに

☐☐☐ Il a haussé les <u>épaules</u>.
彼は**肩**をすくめた

| hausser
| 動 上げる

☐☐☐ J'ai des douleurs au <u>dos</u>.
私は**背中**が痛い

| douleur
| 女 痛み

☐☐☐ Je vais prendre une <u>côte</u> de bœuf.
牛の**骨付きリブロース**をひとつください

| bœuf
| 男 牛

☐☐☐ Il a les <u>cheveux</u> bruns.
彼は褐色の**髪**をしている

| brun
| 形 褐色の

☐☐☐ Elle a les <u>joues</u> rouges.
彼女の**ほお**は赤い

| rouge
| 形 赤い

☐☐☐ Vous avez quelque chose entre les <u>dents</u>.
歯の間に何か挟まっていますよ

| entre
| 前 …の間に

☐☐☐ J'ai les <u>lèvres</u> gercées.
私の**唇**はひび割れている

| gercé
| 形 ひび割れた

☐☐☐ On ne montre pas du <u>doigt</u> !
指で指してはいけません！

| montrer
| 動 指し示す

☐☐☐ Elle porte des protections aux <u>genoux</u>.
彼女は**膝**にサポーターをしている

| protection
| 女 防御物

☐☐☐ J'ai pris du <u>ventre</u>.
お腹に肉がついた

| pris < prendre
| 動 （体重などを）
| 増やす

☐☐☐ Vous connaissez votre tour de <u>poitrine</u> ?
ご自身の**胸囲**はご存知ですか？

| tour
| 男 周囲

553	une **seconde**	s(ə)gɔ̃:d スゴンド	囡 秒
554	une **minute**	minyt ミニュト	囡 分
555	une **heure**	œ:r ウール	囡 時間
556	une **semaine**	s(ə)mɛn スメヌ	囡 週
557	un **mois**	mwa モワ	男 (時間の単位の) 月
558	un **an**	ɑ̃ アン	男 (時間の単位の) 年
559	un **instant**	ɛ̃stɑ̃ アンスタン	男 一瞬
560	un **moment**	mɔmɑ̃ モマン	男 短い時間
561	une **saison**	sɛzɔ̃ セゾン	囡 季節
562	un **siècle**	sjɛkl スィエクル	男 世紀
563	une **époque**	epɔk エポク	囡 時代
564	l' **âge**	ɑ:ʒ アージュ	男 年齢、時代

J'en ai pour dix <u>secondes</u> !
あっという間に終わるから！

Il m'envoie un message toutes les dix <u>minutes</u> !
彼は 10 **分**おきにメッセージを送ってくる！

envoyer
動 送る

Il est quelle <u>heure</u>, en France ?
フランスでは今何**時**ですか？

A la <u>semaine</u> prochaine !
また来**週**！

prochain
形 次の

Son anniversaire est dans un <u>mois</u>.
彼（女）の誕生日は 1 **か月**後だ

dans
前 …後に

Nous avons vécu deux <u>ans</u> à Bruxelles.
私たちはブリュッセルに **2 年**住みました

vécu < vivre
動 暮らす

Un <u>instant</u>, je reviens tout de suite.
ちょっと待って。すぐ戻って来るから

tout de suite
すぐに

Tu as un <u>moment</u> pour discuter ?
ちょっと話す時間ある？

discuter
動 議論する、話す

Ce restaurant utilise des légumes de <u>saison</u>.
このレストランでは**旬**の野菜を使っている

légume
男 野菜

Nous sommes au vingt et unième <u>siècle</u>.
今は 21 **世紀**だ

A l'<u>époque</u>, il n'y avait pas Internet.
当**時**、インターネットはなかった

Internet
男 インターネット

Vous avez quel <u>âge</u> ?
ご**年齢**はおいくつですか？

quel
形 どれくらいの

	565	☐☐☐	le **lendemain** lɑ̃dmɛ̃ ランドマン	男 翌日
	566	☐☐☐	la **veille** vɛj ヴェイユ	女 前日
	567	☐☐☐	l' **avenir** avni:r アヴニール	男 将来
	568	☐☐☐	le **futur** fyty:r フュチュール	男 未来
	569	☐☐☐	le **passé** pɑse パセ	男 過去
	570	☐☐☐	le **début** deby デビュ	男 始まり
	571	☐☐☐	la **fin** fɛ̃ ファン	女 終わり
	572	☐☐☐	la **suite** sɥit スュイト	女 続き、 次に来るもの
地域	573	☐☐☐	une **région** reʒjɔ̃ レジヨン	女 地域
	574	☐☐☐	la **province** prɔvɛ̃:s プロヴァンス	女 地方
	575	☐☐☐	la **campagne** kɑ̃paɲ カンパニュ	女 田舎
	576	☐☐☐	une **capitale** kapital カピタル	女 首都

Le <u>lendemain</u>, j'avais la gueule de bois.
翌日、私は二日酔いだった

avoir la gueule de bois
二日酔いだ

Ils sont arrivés la <u>veille</u> au soir.
彼らは前日の夜に着いた

soir
男 夕方、晩

A l'<u>avenir</u>, ne faites plus ça.
今後はこんなことをしないでください

ne... plus
もはや…ない

L'intelligence artificielle, c'est le <u>futur</u>.
人工知能には将来性がある

intelligence
女 知能
artificiel
形 人工の

Tout ça, c'est du <u>passé</u>.
これらはすべて過去の出来事だ

tout
形 すべての

Au <u>début</u>, c'était difficile.
最初のうちは難しかった

Vous connaissez la <u>fin</u> de l'histoire ?
物語の結末をご存知ですか？

connaissez <
　　　　connaître
動 知っている

Tu veux regarder la <u>suite</u> ?
続きを見たいかい？

veux < vouloir
動 …したい

Quelles sont les spécialités de la <u>région</u> ?
この地域の特産品は何ですか？

spécialité
女 特産品

Je quitte la capitale pour la <u>province</u>.
私は首都を去って地方に向かう

quitter
動 去る

On est en pleine <u>campagne</u>.
私たちは田園のただ中にいる

plein
形 いっぱいの

La <u>capitale</u> du Canada est Ottawa.
カナダの首都はオタワです

577	☐☐☐	l' **amitié** amitje アミティエ	女	友情
578	☐☐☐	**camarade** kamarad カマラド	名	仲間
579	☐☐☐	une **personne** pɛrsɔn ペルソヌ	女	人
580	☐☐☐	un **membre** mɑ̃:br マンブル	男	一員
581	☐☐☐	une **figure** figy:r フィギュール	女	顔、人物
582	☐☐☐	un **groupe** grup グルプ	男	集団
583	☐☐☐	une **dame** dam ダム	女	婦人
584	☐☐☐	un **bébé** bebe ベベ	男	赤ちゃん
585	☐☐☐	**voisin(e)** vwazɛ̃, -in ヴォワザン(ズィヌ)	名	隣人
586	☐☐☐	l' **enfance** ɑ̃fɑ̃:s アンファンス	女	少年時代
587	☐☐☐	la **jeunesse** ʒœnɛs ジュネス	女	若さ、青少年時代
588	☐☐☐	la **vieillesse** vjɛjɛs ヴィエイエス	女	老い、老年

Est-ce que l'<u>amitié</u> homme-femme est possible ?
男と女の**友情**は存在し得るのか？

possible
形 可能な

C'est un <u>camarade</u> de classe.
クラス**メイト**です

classe
女 学級、授業

Combien de <u>personnes</u> vont venir ?
どれくらいの**人**が来ますか？

vont < aller
動

Ils sont <u>membres</u> de cette association.
彼らはこの団体の**メンバー**です

association
女 会、協会

Charles de Gaulle est une <u>figure</u> historique.
シャルル・ド・ゴールは歴史上の**人物**だ

historique
形 歴史的な

Elle est fan de ce <u>groupe</u> de rock.
彼女はこのロック**グループ**のファンです

rock
男 ロック

C'est la Première <u>dame</u> des Etats-Unis.
アメリカの大統領**夫人**だ

Etats-Unis
男 複 アメリカ合衆国

Il s'occupe bien du <u>bébé</u>.
彼は**赤ちゃん**の世話を上手にしている

s'occuper de...
…を世話する

Le <u>voisin</u> m'a prêté un tire-bouchon.
お隣さんが私に栓抜きを貸してくれた

prêter
動 貸す

Il a eu une <u>enfance</u> heureuse.
彼は幸せな**子供時代**を過ごした

« Les voyages forment la <u>jeunesse</u>. »
かわいい子には旅をさせよ　《旅が**若者**を鍛える》

former
動 育成する

A quel âge commence la <u>vieillesse</u> ?
老化は何歳で始まるの？

commencer
動 始まる

589	☐☐☐	la **peau** po ポ	女 肌 (複 peaux)
590	☐☐☐	le **sang** sɑ̃ サン	男 血
591	☐☐☐	la **voix** vwa ヴォワ	女 声
592	☐☐☐	la **santé** sɑ̃te サンテ	女 健康
593	☐☐☐	la **fièvre** fjɛːvr フィエーヴル	女 熱
594	☐☐☐	la **fatigue** fatig ファティグ	女 疲れ
595	☐☐☐	la **maladie** maladi マラディ	女 病気
596	☐☐☐	la **force** fɔrs フォルス	女 力
597	☐☐☐	le **poids** pwa ポワ	男 重さ、体重
598	☐☐☐	le **soin** swɛ̃ ソワン	男 世話
599	☐☐☐	la **confiance** kɔ̃fjɑ̃ːs コンフィヤンス	女 信頼
600	☐☐☐	le **doute** dut ドゥト	男 疑い

仏検 4級 名詞

☐
☐ J'ai la <u>peau</u> sèche.
☐ 肌が乾燥している

sèche < sec
形 乾燥した

☐
☐ Il est allé donner son <u>sang</u>.
☐ 彼は献血しに行った

donner
動 与える

☐
☐ Il a la <u>voix</u> grave.
☐ 彼は低い声をしている

grave
形 (音の) 低い

☐
☐ <u>Santé</u> !
☐ 健康を祈って乾杯！

☐
☐ Elle a de la <u>fièvre</u>.
☐ 彼女は熱がある

☐
☐ Ça doit être la <u>fatigue</u>.
☐ それはきっと疲れのせいだろう

doit < devoir
動 …に違いない

☐
☐ C'est une <u>maladie</u> rare.
☐ 珍しい病気だ

rare
形 珍しい

☐
☐ Je n'ai plus de <u>force</u>.
☐ もう力が出ない

ne... plus
もはや…ない

☐
☐ Il a perdu du <u>poids</u>.
☐ 彼は体重が減った

perdu < perdre
動 なくす

☐
☐ Ils prennent <u>soin</u> de moi.
☐ 彼らは私の世話をしてくれる

☐
☐ Tu n'as pas <u>confiance</u> en moi ?
☐ 君は私を信用してないのかい？

☐
☐ Il n'y a pas de <u>doute</u> : c'est bien elle.
☐ 間違いない。確かに彼女だ

Petits dialogues

■ 37. 髪を短くした友だちを見て…

A : Tu t'es fait couper les <u>cheveux</u> ?
B : Oui, je suis passé chez le coiffeur il y a quelques <u>heures</u>.

A : 髪切ってきたの？
B : そう、何時間か前に美容院に行ってきたんだ。

se faire couper les cheveux は「髪をカットしてもらう」という意味です。1人称の場合、« Je me suis fait couper les cheveux. »（私は髪を切ってきた）と言いますね。

4

級 名詞

■ 38. 夏休みの予定の話をしていて…

A : Quand est-ce que vous allez en Algérie ?
B : De <u>fin</u> juillet à <u>début</u> août.

A : アルジェリアにはいつ行かれるんですか？
B : 7月末から8月初めにかけて行ってきます。

年や月を表す名詞の前では、début と fin は無冠詞で副詞的に使用することができます。

例： fin 2020　2020 年末

■ 39. コンサートが中止になってしまって…

A : Le concert a été annulé ?
B : Oui, les <u>membres</u> du <u>groupe</u> se sont disputés !

A : コンサートが中止になったの？
B : そう、バンドのメンバーがケンカしたんだ。

「バンド」や「音楽グループ」はいずれも un groupe de musique と言います。
se disputer は「言い争いをする」という意味。

■ 40. 有名人のインタビューをテレビで聴いて…

A : Sa <u>voix</u> tremblait un peu, non ?
B : Oui, il a eu des problèmes de <u>santé</u>, récemment.

A : 声が少し震えていなかった？
B : そうだね、最近体調が悪かったからね。

santé は元々「健康」を意味しますが、様々な表現の中でも使われます。例えば「乾
杯！」は « Santé ! »（丁寧に言うときは « A votre santé ! »）です。また、「新
年おめでとう」は « Bonne année ! » とだけ言うことが多いのですが、「今年も
お元気で」という思いを込めて « Bonne année et bonne santé ! » とつなげて
言うこともありますよ。

601	☐☐☐	un **sentiment** sɑ̃timɑ̃ サンティマン	男	気持ち
602	☐☐☐	un **sourire** suriːr スリール	男	微笑み
603	☐☐☐	la **joie** ʒwa ジョワ	女	喜び
604	☐☐☐	le **plaisir** pleziːr プレズィール	男	楽しみ
605	☐☐☐	la **tristesse** tristɛs トリステス	女	悲しみ
606	☐☐☐	une **larme** larm ラルム	女	涙
607	☐☐☐	la †**honte** ɔ̃ːt オント	女	恥
608	☐☐☐	un **sens**2 sɑ̃ːs サンス	男	感覚
609	☐☐☐	une **impression** ɛ̃presjɔ̃ アンプレスィヨン	女	印象
610	☐☐☐	l' **attention** atɑ̃sjɔ̃ アタンスィヨン	女	注意
611	☐☐☐	l' **esprit** ɛspri エスプリ	男	精神
612	☐☐☐	un **souci** susi ススィ	男	心配事

☐☐☐ Il a du mal à exprimer ses <u>sentiments</u>.
彼は**感情**を上手に表現できない

exprimer
動 表現する

☐☐☐ Vous avez un joli <u>sourire</u>.
笑顔がすてきですね

joli
形 かわいい、
　　すてきな

☐☐☐ Ils ont retrouvé la <u>joie</u> de vivre.
彼らは生きる**喜び**を取り戻した

retrouver
動 再び見つける

☐☐☐ Ça fait <u>plaisir</u> de te voir ici.
ここで**君に会えてうれしい**よ

voir
動 会う

☐☐☐ Je sens de la <u>tristesse</u> dans son regard.
彼（女）の視線に浮かぶ**悲しみ**を感じる

sens < sentir
動 感じとる

☐☐☐ J'ai les <u>larmes</u> aux yeux.
目に**涙**が浮かぶ

yeux
男 複 目

☐☐☐ C'est une <u>honte</u> de faire ça !
そんなことをするのは**恥**だ！

☐☐☐ L'être humain possède cinq <u>sens</u>.
人間には**五感**がある

posséder
動 持っている

☐☐☐ J'ai l'<u>impression</u> qu'elle ne m'aime pas.
彼女は私を愛していないような**気**がする

☐☐☐ <u>Faites attention</u> à la marche.
足元に**お気をつけて**

marche
女 段差

☐☐☐ L'<u>esprit</u> d'équipe, c'est important.
団結**心**は大事だ

équipe
女 チーム

☐☐☐ Tu as des <u>soucis</u>, en ce moment ?
最近**心配事**があるの？

en ce moment
現在

613	☐☐☐ une	**exposition** ɛkspozisjɔ̃ エクスポズィスィヨン	女 展覧会
614	☐☐☐ un	**concert** kɔ̃sɛːr コンセール	男 コンサート
615	☐☐☐ une	**scène** sɛn セヌ	女 ステージ、場面
616	☐☐☐ un	**programme** prɔgram プログラム	男 プログラム、 スケジュール
617	☐☐☐ une	**invitation** ɛ̃vitasjɔ̃ アンヴィタスィヨン	女 招待
618	☐☐☐ l'	**économie** ekɔnɔmi エコノミ	女 経済、節約
619	☐☐☐ une	**réunion** reynjɔ̃ レユニヨン	女 会合
620	☐☐☐ un	**conseil** kɔ̃sɛj コンセイユ	男 忠告、会議
621	☐☐☐	**client(e)** klijɑ̃, -ɑːt クリヤン(ト)	名 客
622	☐☐☐ un	**bureau** byro ビュロ	男 オフィス、机 (複 bureaux)
623	☐☐☐ un	**projet** prɔʒɛ プロジェ	男 計画
624	☐☐☐ un	**résultat** rezylta レズュルタ	男 結果

☐☐☐ Vous êtes allé à cette <u>exposition</u> ?
この**展示**には行きましたか？

☐☐☐ C'était un <u>concert</u> magnifique.
すばらしい**コンサート**だった

magnifique
形 すばらしい

☐☐☐ C'est ma <u>scène</u> préférée.
私のお気に入りの**シーン**だ

préféré
形 お気に入りの

☐☐☐ Quel est le <u>programme</u> de la journée ?
1日の**スケジュール**はどうなっていますか？

journée
女 （仕事の）1日

☐☐☐ J'ai reçu une <u>invitation</u> pour un mariage.
結婚式に**招待**された

reçu < recevoir
動 受け取る

☐☐☐ L'<u>économie</u> va mal dans ce pays.
この国の**経済**は上手く回っていない

pays
男 国

☐☐☐ Le directeur est en <u>réunion</u>.
部長は**会議**中です

directeur
名 長

☐☐☐ Vous avez des <u>conseils</u> à me donner ?
私に**ご助言**はありませんか？

donner
動 与える

☐☐☐ C'est un très bon <u>client</u>.
とてもいい**お客さん**だ

☐☐☐ Son <u>bureau</u> n'est pas rangé.
彼の**机**は整理されていない

ranger
動 片付ける

☐☐☐ Tu as des <u>projets</u> pour les vacances ?
バカンスの**計画**はある？

☐☐☐ Les <u>résultats</u> sont mauvais.
結果は悪い

mauvais
形 悪い

625	une **cause** ko:z コーズ	囡 原因、理由
626	un **effet** efɛ エフェ	囲 効果
627	un **succès** syksɛ スュクセ	囲 成功、ヒット
628	une **information** ɛ̃fɔrmasjɔ̃ アンフォルマスィヨン	囡 情報 ＊広く一般的な情報 ⇒《略》info
629	un **renseignement** rɑ̃sɛɲmɑ̃ ランセニュマン	囲 情報 ＊特定の役に立つ情報
630	un **costume** kɔstym コスチュム	囲 スーツ
631	un **congé** kɔ̃ʒe コンジェ	囲 休暇
632	la **retraite** r(ə)trɛt ルトレト	囡 退職、年金

633	**acteur, actrice** aktœ:r, -tris アクトゥール（トリス）	图 俳優
634	**chanteur, chanteuse** ʃɑ̃tœ:r, -ø:z シャントゥール（ズ）	图 歌手
635	**musicien, musicienne** myzisjɛ̃, -ɛn ミュズィスィヤン（エヌ）	图 ミュージシャン
636	**peintre** pɛ̃:tr パントル	图 画家

☐ ☐ ☐ Quelles sont les <u>causes</u> de la pollution ? 汚染の**原因**は何でしょうか？	pollution **女** 汚染
☐ ☐ ☐ Ce médicament n'a pas d'<u>effet</u> sur moi. この薬は私には**効果**がない	médicament **男** 薬
☐ ☐ ☐ Ce livre a beaucoup de <u>succès</u>. この本は大**ヒット**だ	livre **男** 本
☐ ☐ ☐ Je n'ai pas d'autres <u>informations</u>. 私は他に**情報**を持っていません	autre **形** 他の
☐ ☐ ☐ Je cherche des <u>renseignements</u> sur cette personne. この人物について**情報**を探しています	chercher **動** 探す
☐ ☐ ☐ Il faut porter un <u>costume</u> ? **スーツ**を着なければなりませんか？	porter **動** 身につけている
☐ ☐ ☐ Elle est en <u>congé</u> maintenant. 今、彼女は**休暇**中です	maintenant **副** 今
☐ ☐ ☐ Il est à la <u>retraite</u> depuis deux ans. 彼は２年前から**引退**生活です	
☐ ☐ Je voulais devenir <u>acteur</u>. 私は**俳優**になりたかった	voulais < vouloir **動** …したい
☐ ☐ ☐ C'est une <u>chanteuse</u> de rock. ロック**歌手**です	rock **男** ロック
☐ ☐ ☐ Ils sont tous <u>musiciens</u> dans la famille. 彼らは家族みんな**音楽家**です	tous /tus/ **代** すべての人
☐ ☐ ☐ Ce <u>peintre</u> vient ici tous les dimanches. この**画家**は毎週日曜日ここに来る	vient < venir **動** 来る

637	□□□	**artiste** artist アルティスト	名 アーティスト
638	□□□	**avocat(e)** avɔka, -at アヴォカ (ト)	名 弁護士
639	□□□	un **médecin** mɛdsɛ̃ メドゥサン	男 医師
640	□□□	**journaliste** ʒurnalist ジュルナリスト	名 ジャーナリスト
641	□□□	**professeur(e)** prɔfɛsœːr プロフェスール	名 教師 ⇒《略》prof
642	□□□	**étudiant(e)** etydjɑ̃, -ɑ̃ːt エチュディヤン (ト)	名 学生
643	□□□	**vendeur, vendeuse** vɑ̃dœːr, -øːz ヴァンドゥール (ズ)	名 売り子、店員
644	□□□	**boulanger, boulangère** bulɑ̃ʒe, -ɛːr ブランジェ (ール)	名 パン屋
645	□□□	**pâtissier, pâtissière** pɑtisje, -ɛːr パティスィエ (ール)	名 パティシエ
646	□□□	un **guide** gid ギド	男 案内人、 ガイドブック
647	□□□	**marchand(e)** marʃɑ̃, -ɑ̃ːd マルシャン (ド)	名 商人
648	□□□	**employé(e)** ɑ̃plwaje アンプロワイエ	名 従業員

仏検 **4** 級 名詞

☐☐☐ C'est une <u>artiste</u> connue.
有名な**芸術家**です

connu
形 知られている

☐☐☐ Mon meilleur ami est <u>avocat</u>.
私の親友は**弁護士**です

meilleur
形 《定冠詞・所有形容詞をつけて》最もよい

☐☐☐ Est-ce qu'il y a un <u>médecin</u> ?
お医者さんはいますか？

☐☐☐ Les <u>journalistes</u> de guerre sont courageux.
戦争**ジャーナリスト**はみな勇敢です

courageux
形 勇敢な

☐☐☐ Il a toujours voulu être <u>professeur</u>.
彼はずっと**教師**になりたかったのだ

voulu < vouloir
動 …したい

☐☐☐ Les <u>étudiants</u> manifestent.
学生たちは抗議している

manifester
動 デモをする

☐☐☐ Je me suis plaint au <u>vendeur</u>.
私は**店員**に苦情を言った

se plaindre
代動 不平を言う

☐☐☐ Les <u>boulangers</u> se lèvent très tôt.
パン屋は朝早く起きる

se lever
代動 起きる

☐☐☐ Elle fait des études pour devenir <u>pâtissière</u>.
彼女は**パティシエ**になるために勉強している

étude
女 勉強

☐☐☐ Nous avons besoin d'un <u>guide</u> local.
私たちは現地**ガイド**が必要だ

local
形 その土地の

☐☐☐ Ah, voilà le <u>marchand</u> de glaces.
あ、ほら。アイスクリーム**売り**だ

glace
女 氷、アイス

☐☐☐ C'est un <u>employé</u> modèle.
模範的な**従業員**だ

modèle
形 模範的な

649	☐☐☐	**salarié(e)** salarje サラリエ	名 サラリーマン
650	☐☐☐	**président(e)** prezidɑ̃, -ɑ̃:t プレズィダン (ト)	名 大統領、長
651	☐☐☐	**directeur, directrice** dirɛktœ:r, -tris ディレクトゥール (トリス)	名 長
652	☐☐☐	**chef** ʃɛf シェフ	名 長、シェフ
653	☐☐☐	**patron, patronne** patrɔ̃, -ɔn パトロン (ヌ)	名 オーナー
654	☐☐☐	**voleur, voleuse** vɔlœ:r, -ø:z ヴォルール (ズ)	名 泥棒
655	☐☐☐	un **roi** rwa ロワ	男 王 ⇒ reine 女 王妃、女王

656	☐☐☐	un **métier** metje メティエ	男 職業
657	☐☐☐	une **profession** prɔfɛsjɔ̃ プロフェスィヨン	女 職業 ＊主に行政用語として
658	☐☐☐	une **nationalité** nasjɔnalite ナスィヨナリテ	女 国籍
659	☐☐☐	un **nom** nɔ̃ ノン	男 名前、姓
660	☐☐☐	un **prénom** prenɔ̃ プレノン	男 名前、名、 ファーストネーム

仏検 **4** 級 名詞

Tous les <u>salariés</u> sont en grève.
すべての**労働者**はストライキ中だ

grève
女 ストライキ

C'est un ancien <u>président</u> de la république.
共和国の元**大統領**だ

ancien
形 元の、かつての

Il est enfin devenu <u>directeur</u>.
彼はやっと**部長**になった

enfin
副 ついに、やっと

Mes compliments au <u>chef</u> !
シェフに美味しかったとお伝えください！

compliment
男 賛辞

C'est le <u>patron</u> de cette boîte de nuit.
このナイトクラブの**経営者**だ

boîte de nuit
女 ナイトクラブ

Arsène Lupin est un <u>voleur</u>.
アルセーヌ・ルパンは**盗人**だ

Vous connaissez le nom du <u>roi</u> des Belges ?
ベルギー**国王**の名前を知っていますか？

connaissez <
　　　　　connaître
動 知っている

C'est un <u>métier</u> difficile.
難しい**職業**だ

Quelle est votre <u>profession</u> ?
職業は何ですか？

quel
形 何

Je suis de <u>nationalité</u> japonaise.
私は**日本国籍**です

Votre <u>nom</u>, comment ça s'écrit ?
お名前はどのように書くのですか？

s'écrire
代動 書かれる

J'ai oublié son <u>prénom</u>.
彼（女）の**ファーストネーム**を忘れた

oublier
動 忘れる

41. ある女優の話題となり…

A : Tu connais cette <u>actrice</u> ?
B : Bien sûr ! Dans les films, elle joue bien, mais sur <u>scène</u>, elle est exceptionnelle.

A : この女優、知っている？
B : もちろん！　映画での演技もいいけど、舞台の上では類まれなオーラを放っているよ。

un acteur / une actrice は映画・演劇の両分野で使える語です。「舞台俳優・女優」は un comédien / une comédienne とも言えます。その一方で、日本語の「コメディアン」や「お笑い芸人」は un / une humoriste と言いますので混同しないように注意しましょう。

42. 旅先で知り合った者同士で話していると…

A : Qu'est-ce que vous faites dans la vie ?
B : En ce moment, je suis à la <u>retraite</u>, mais avant, j'étais <u>boulanger</u>.

A : 仕事は何をされているんですか？
B : いまは年金をもらっていますけど、前はパン屋でした。

退職して年金をもらっている状態のことを être à la retraite、または être en retraite と言います。ちなみに年金受給者は un(e) retraité(e) です。

■ 43. 実業家が集まるパーティーで…

A : C'est qui, l'homme, là-bas ?
B : C'est le <u>P.-D. G.</u> d'une marque de montres suisse.

A : あそこにいる男の人って誰？
B : スイスの時計ブランドの社長だよ。

P.-D. G. は président-directeur général / présidente-directrice générale
の略。厳密には「取締役会会長兼社長」ですが、「社長」という意味で頻繁に使わ
れます。

■ 44. フランス人の友だちに日本語を教えていて…

A : Comment tu prononces « Hayao Miyazaki » en japonais ?
B : En fait, moi, je dis « Miyazaki Hayao », parce qu'au Japon, on
　　dit le <u>nom</u> avant le <u>prénom</u>.

A : 日本語で「Hayao Miyazaki」ってどう発音するの？
B : 実を言うと、私は「宮崎駿」って言うんだよね。日本では、名前の前に名
　　字を言うんだ。

un nom と言うと、「名前」と「名字」、両方の意味の可能性があるためシチュエ
ーションで判断します。「名字」の話をしているとはっきり相手に伝える場合は、
un nom de famille と言います。

pour

- ❶ …のために《目的》
- ❷ …のための、…宛てに《宛先》
- ❸ …の予定で、…にわたって《時期・期間》
- ❹ …に関しては
- ❺ …に賛成して、…を支持して　⇔contre
- ❻ 〈... pour cent〉…パーセント

1. 〈目的〉

Je travaille pour payer mes études.　学費を払うために働いています。

2. 〈宛先〉

C'est un petit cadeau pour vous.
あなたのためにささやかなプレゼントです。

3. 〈時期・期間〉

Mon départ est pour le six janvier : je pars pour trois mois.
出発は1月6日に予定されています。3か月間の滞在です。

4. 〈主題〉

Pour le dîner, qu'est-ce qu'on fait ?　夕食はどうする?

5. 〈賛成〉

Nous sommes pour cette proposition.
私たちはこの提案を支持しています。

6. 〈パーセント〉

Ce sac est soldé à moins vingt pour cent.
このバッグはセール価格で 20%オフになっている。

contre

- ❶ …に反して《対立》
- ❷ …に備えて《予防》
- ❸ …のすぐそばに《接触》
- ❹ …に反対して　⇔pour
- ❺ …に対して《対比》

1. 〈対立〉

Je suis devenu musicien, contre l'avis de mes parents.
両親の意見に逆らってミュージシャンになった。

2. 〈予防〉

C'est un spray contre la toux.　咳止め用のスプレーです。

3. 〈接触〉

Je pose le parapluie contre le mur.　傘を壁にかける。

4. 〈反対〉

Je suis contre cette idée.　私はこの意見には反対です。

5. 〈対比〉

Un café au comptoir coûte un euro, contre deux euros en salle.
カウンターに立って飲むエスプレッソが1ユーロであるのに対して、席について
飲むのは2ユーロである。

661	☐☐☐	un **état** eta エタ	男 状態、身分
662	☐☐☐	la **société** sɔsjete ソスィエテ	女 社会、会社
663	☐☐☐	une **affaire** afɛːr アフェール	女 事柄、ビジネス
664	☐☐☐	un **gouvernement** guvɛrnəmã グヴェルヌマン	男 政府
665	☐☐☐	une **république** repyblik レピュブリク	女 共和国
666	☐☐☐	une **loi** lwa ロワ	女 法律
667	☐☐☐	un **ordre** ɔrdr オルドル	男 順序、命令
668	☐☐☐	une **permission** pɛrmisjɔ̃ ペルミスィヨン	女 許可
669	☐☐☐	une **religion** r(ə)liʒjɔ̃ ルリジヨン	女 宗教
670	☐☐☐	un **mouvement** muvmã ムヴマン	男 動き
671	☐☐☐	une **situation** sitɥasjɔ̃ スィチュアスィヨン	女 状況
672	☐☐☐	un **problème** prɔblɛm プロブレム	男 問題

仏検 **4** 級 名詞

Je ne suis pas en <u>état</u> de travailler.
私は働ける**状態**ではない

travailler
動 働く

Il critique la <u>société</u> de consommation.
彼は消費**社会**を批判している

consommation
女 消費

C'est un homme d'<u>affaires</u>.
ビジネスマンだ

homme
男 男

Le <u>gouvernement</u> a changé de position.
政府は立場を変えた

changer
動 変える

Le Sénégal est une <u>république</u>.
セネガルは**共和国**だ

C'est interdit par la <u>loi</u>.
それは**法律**で禁止されている

interdit
形 禁じられた

Je n'aime pas obéir aux <u>ordres</u>.
私は**命令**に従うのが好きじゃない

obéir
動 従う

Ils sont entrés sans ma <u>permission</u>.
私の**許可**なしに彼らは入った

entrer
動 入る

Vous avez une <u>religion</u> ?
何か**信仰**はお持ちですか？

L'impressionnisme est un <u>mouvement</u> artistique.
印象主義は芸術**運動**である

impressionnisme
男 印象主義

La <u>situation</u> est grave.
状況は深刻だ

grave
形 深刻な

J'ai un <u>problème</u> avec la banque.
銀行と**トラブル**がある

banque
女 銀行

673	☐☐☐	un **coup** ku ク	男 打つこと、衝撃 ★ coup de poing　パンチ ★ coup de pied　キック
674	☐☐☐	un **danger** dɑ̃ʒe ダンジェ	男 危険
675	☐☐☐	un **dommage** dɔmaːʒ ドマージュ	男 損害、残念なこと
676	☐☐☐	un **crime** krim クリム	男 犯罪
677	☐☐☐	une **peine** pɛn ペヌ	女 刑罰、苦労
678	☐☐☐	le **progrès** prɔgrɛ プログレ	男 進歩
679	☐☐☐	la **paix** pɛ ペ	女 平和 ★ faire la paix 　仲直りする
680	☐☐☐	l' **industrie** ɛ̃dystri アンデュストリ	女 工業
681	☐☐☐	le **gaz** gɑːz ガーズ	男 ガス
682	☐☐☐	le **pétrole** petrɔl ペトロル	男 石油
683	☐☐☐	l' **agriculture** agrikylty:r アグリキュルチュール	女 農業
684	☐☐☐	la **médecine** mɛdsin メドゥスィヌ	女 医学

仏検 **4** 級 名詞

On va aller boire un <u>coup</u> ?
一杯飲みに行く？

boire
動 飲む

Je ne connaissais pas les <u>dangers</u> de l'alcool.
アルコールの**危険性**を私は知らなかった

alcool
男 アルコール

C'est vraiment <u>dommage</u>.
それはとても**残念**だ

C'est un <u>crime</u> contre l'humanité.
それは人道に反する**犯罪**だ

humanité
女 人類

Ça me fait de la <u>peine</u>.
とても心苦しい

Le <u>progrès</u> de la médecine est surprenant.
医学の**進歩**は驚異的だ

surprenant
形 驚くべき

On a fait la <u>paix</u>.
私たちは仲直りした

L'<u>industrie</u> de l'automobile se développe.
自動車**産業**は発展している

automobile
女 自動車

Le chauffage au <u>gaz</u> coûte moins cher.
ガス暖房はもっと安い

chauffage
男 暖房

L'Arabie Saoudite exporte du <u>pétrole</u>.
サウジアラビアは**石油**を輸出している

exporter
動 輸出する

Ce produit est issu de l'<u>agriculture</u> biologique.
これは有機**農業**で作られた農産物だ

issu de...
…から生じた

Vous avez essayé la <u>médecine</u> chinoise ?
漢方をお試しになりましたか？

essayer
動 試してみる

163

685	☐☐☐	un **avis** avi アヴィ	男（表明された） 意見
686	☐☐☐	une **opinion** ɔpinjɔ̃ オピニヨン	女（個人的）見解
687	☐☐☐	une **idée** ide イデ	女 考え、概念
688	☐☐☐	une **intention** ɛtɑ̃sjɔ̃ アンタンスィヨン	女 意図 ★ avoir l'intention de 不定詞 …するつもりだ
689	☐☐☐	un **but** by(t) ビュ (ト)	男 目標
690	☐☐☐	la **valeur** valœːr ヴァルール	女 価値
691	☐☐☐	un **intérêt** ɛ̃tere アンテレ	男 興味、利益
692	☐☐☐	la **vérité** verite ヴェリテ	女 真実
693	☐☐☐	une **raison** rɛzɔ̃ レゾン	女 理性、理由
694	☐☐☐	un **tort** tɔːr トール	男 間違い、誤り
695	☐☐☐	une **façon** fasɔ̃ ファソン	女 方法
696	☐☐☐	un **mode**¹ mɔd モド	男 様式

☐☐☐ A mon <u>avis</u>, il a raison.
私の**意見**では、彼の言うことは筋が通っている

avoir raison
正しい

☐☐☐ Ce n'est que mon <u>opinion</u>.
これは私の**意見**でしかありません

ne... que...
…しか…ない

☐☐☐ C'est une <u>idée</u> géniale !
とてもいい**考え**だ！

génial
[形] 天才的な

☐☐☐ Il a l'<u>intention</u> d'arrêter de travailler.
彼は仕事をやめるつもりだ

arrêter de...
…するのをやめる

☐☐☐ Quel est votre <u>but</u> dans la vie ?
人生の**目標**は何ですか？

vie
[女] 人生

☐☐☐ Ce vieux billet n'a plus de <u>valeur</u>.
この古いお札はもはや**価値**がない

billet
[男] 紙幣

☐☐☐ Quels sont vos centres d'<u>intérêt</u> ?
興味のあることは何ですか？

centre
[男] 中心

☐☐☐ Je veux connaître la <u>vérité</u>.
私は**真実**を知りたい

veux < vouloir
[動] …したい

☐☐☐ C'est la <u>raison</u> pour laquelle je suis venu.
それが私が来た**理由**だ

laquelle < lequel
[代]

☐☐☐ Tu as <u>tort</u>.
君は**間違っている**

☐☐☐ Je n'aime pas sa <u>façon</u> de parler.
私は彼の話し**方**が好きではない

parler
[動] 話す

☐☐☐ Elle a changé de <u>mode</u> de vie.
彼女は生活**スタイル**を変えた

vie
[女] 生活

697	une **sorte** sɔrt ソルト	女 種類
698	une **espèce** ɛspɛs エスペス	女 種類
699	un **type** tip ティプ	男 典型
700	un **genre** ʒɑ̃:r ジャンル	男 ジャンル、種類
701	un **cas** kɑ カ	男 場合 ★ en cas de... …の場合には
702	une **différence** diferɑ̃:s ディフェランス	女 違い
703	un †**hasard** aza:r アザール	男 偶然
704	une **occasion** ɔkazjɔ̃ オカズィヨン	女 機会

705	une **faculté** fakylte ファキュルテ	女 学部、能力 ⇒《略》fac
706	l' **éducation** edykasjɔ̃ エデュカスィヨン	女 (広い意味での) 教育
707	l' **enseignement** ɑ̃sɛɲmɑ̃ アンセニュマン	男 学校教育
708	une **étude** etyd エチュド	女 研究

仏検 **4** 級名詞

☐ ☐ ☐ J'ai ressenti une <u>sorte</u> de gêne. ある種の気詰まりを私は感じた	ressentir 動 感じる
☐ ☐ ☐ C'est une <u>espèce</u> en voie de disparition. 絶滅の危機に瀕した種です	en voie de... …の途中の
☐ ☐ ☐ Vous aimez un <u>type</u> de fromage en particulier ? 特に好きなチーズの種類はありますか？	en particulier 特に
☐ ☐ ☐ Quel est votre <u>genre</u> musical préféré ? お好きな音楽ジャンルは何ですか？	préféré 形 お気に入りの
☐ ☐ ☐ En <u>cas</u> de problème, appelez-moi. 問題が起きた場合は私に電話してください	appeler 動 電話する
☐ ☐ ☐ Quelles <u>différences</u> il y a entre l'espagnol et le français ? スペイン語とフランス語にはどんな違いがありますか？	espagnol 男 スペイン語
☐ ☐ ☐ On s'est croisés par <u>hasard</u>. 私たちは偶然すれ違った	se croiser 代動 すれ違う
☐ ☐ ☐ J'espère qu'on aura l'<u>occasion</u> de se revoir. またお会いする機会があることを願っています	espérer 動 期待する
☐ ☐ ☐ Ils sont en <u>fac</u> de droit. 彼らは法学部の学生だ	droit 男 法律
☐ ☐ ☐ Elle a eu une <u>éducation</u> très sévère. 彼女はとても厳格な教育を受けた	sévère 形 厳しい
☐ ☐ ☐ Il travaille dans l'<u>enseignement</u> secondaire. 彼は中等教育に携わっている	中等教育： collège と lycée
☐ ☐ ☐ Cette <u>étude</u> scientifique n'est pas sérieuse. この科学的な研究は危うい	sérieux 形 堅実な

167

709	☐☐☐	un **tableau** tablo タブロ	男 黒板、表 (複 tableaux)
710	☐☐☐	la **science** sjɑ̃:s スィヤンス	女 科学
711	☐☐☐	les **mathématiques** matematik マテマティク	女 (複) 数学 ⇒《略》maths
712	☐☐☐	l' **histoire** istwa:r イストワール	女 歴史、物語
713	☐☐☐	la **lecture** lɛkty:r レクチュール	女 読むこと
714	☐☐☐	la **géographie** ʒeɔgrafi ジェオグラフィ	女 地理
715	☐☐☐	une **langue** lɑ̃:g ラング	女 言語、舌
716	☐☐☐	un **mot** mo モ	男 単語
717	☐☐☐	une **lettre** lɛtr レトル	女 手紙、文字
718	☐☐☐	un **signe** siɲ スィニュ	男 記号、合図
719	☐☐☐	un **concours** kɔ̃ku:r コンクール	男 選抜試験
720	☐☐☐	une **difficulté** difikylte ディフィキュルテ	女 難しい点、困難

Je peux effacer le <u>tableau</u> ?
黒板を消してもいいですか？

effacer
動 消す

Il faut encourager les <u>sciences</u> humaines.
人文科学を助成しなければならない

encourager
動 奨励する

Il est fort en <u>mathématiques</u>.
彼は数学がよくできる

fort
形 強い

C'est un passionné d'<u>histoire</u>.
彼は歴史好きだ

passionné
名 熱烈なファン

Cet enfant aime beaucoup la <u>lecture</u>.
この子は読書がとても好きだ

La <u>géographie</u> est liée à l'histoire.
地理は歴史と結びついている

lier
動 結びつける

L'anglais est ma <u>langue</u> maternelle.
英語は私の母語だ

maternel
形 母の

Je ne trouve pas le <u>mot</u> exact.
適切な語が見つからない

exact
形 正確な

J'ai écrit une <u>lettre</u> de motivation.
私は志望動機書を書いた

motivation
女 動機

Il m'a fait un <u>signe</u> de la main.
彼は私に手で合図した

main
女 手

Elle a été première à ce <u>concours</u>.
彼女はこの試験で1番だった

premier
形 1番目の

Notre entreprise a des <u>difficultés</u> financières.
私たちの会社は金銭的に厳しい

financier
形 財政上の

■ 45. サッカーの試合中継で…

A : Il tire et... <u>but</u> !
B : Superbe <u>coup</u> franc du milieu de terrain japonais !

A : キックして…ゴール！
B : 日本人のミッドフィルダーがすばらしいフリーキックをしてきましたね！

but の最後の子音 t は、発音してもしなくてもかまいません。
他に知っておきたいサッカー用語には、**un corner**（コーナーキック）、**un penalty**（ペナルティキック）、**un hors-jeu**（オフサイド）が挙げられます。

■ 46. 進路の話をしていると…

A : Il faut réussir ce <u>concours</u> pour être professeur de musique ?
B : Non, ce n'est pas forcément la <u>peine</u>.

A : この選抜試験に合格しないと音楽の先生になれないの？
B : いや、必ずしもその必要はないよ。

« Ce n'est pas la peine. » は « Ce n'est pas nécessaire. »（その必要はないですよ）と同じ意味。

■ 47. 息子の成績について両親が話していて…

A : Ça allait, son bulletin de notes ?
B : Oui, il a eu de mauvaises notes en <u>maths</u>, mais il a fait des
　　<u>progrès</u> dans toutes les autres matières.

A : 彼の成績表、大丈夫だった？
B : うん、数学で悪い点取ったけど、他のすべての科目で伸びているよ。

une note は実にたくさんの意味を持っている言葉で、「成績」以外には、「メモ」「注
解」「請求書」「音符」「音色」などもあります。ぜひとも辞書で note の項目をひ
ととおり眺めてください。

■ 48. パーティーの最後に…

A : On n'a pas eu l'<u>occasion</u> de se parler.
B : Oui, c'est vraiment <u>dommage</u>. La prochaine fois !

A : 今回お話する機会がなかったですね。
B : はい、本当に残念です。また今度！

c'est dommage の後に「de ＋ 動詞の原形」をつけて、例えば « C'est dommage
de jeter ça. »（これを捨てるのはもったいない）のような構文を作れます。

721	☐☐☐	une **aide** εd エド	女	手伝い、援助
722	☐☐☐	la **communication** kɔmynikasjɔ̃ コミュニカスィヨン	女	コミュニケーション、 伝達
723	☐☐☐	un **détail** detaj デタイユ	男	詳細、細部

724	☐☐☐	l' **entrée** ɑ̃tre アントレ	女	入口
725	☐☐☐	la **sortie** sɔrti ソルティ	女	出口
726	☐☐☐	un **salon** salɔ̃ サロン	男	応接間
727	☐☐☐	une **pièce** pjεs ピエス	女	部屋、硬貨
728	☐☐☐	un **cabinet** kabinε カビネ	男	小部屋
729	☐☐☐	un **couloir** kulwa:r クロワール	男	廊下
730	☐☐☐	un **ascenseur** asɑ̃sœ:r アサンスール	男	エレベーター
731	☐☐☐	un **mur** my:r ミュール	男	壁
732	☐☐☐	un **miroir** mirwa:r ミロワール	男	鏡

☐☐☐ Vous voulez de l'<u>aide</u> ? **手助け**は必要ですか？	voulez < vouloir 動 欲しい
☐☐☐ La <u>communication</u> a été coupée. **通信**が切れた	couper 動 切る
☐☐☐ Le moindre <u>détail</u> compte ! どんな**細部**も重要だ！	compter 動 重要である
☐☐☐ C'est l'<u>entrée</u> principale. これは正面**玄関**です	principal 形 主要な
☐☐☐ C'est la <u>sortie</u> de secours. これは非常**口**です	secours 男 救助
☐☐☐ Les invités sont dans le <u>salon</u>. お客は**応接間**にいます	invité 名 招待客
☐☐☐ C'est un appartement deux <u>pièces</u>. ２**部屋**からなるアパルトマンです	appartement 男 （集合住宅内の） １世帯用住居
☐☐☐ On a rénové le <u>cabinet</u> de toilettes. トイレの**個室**をリノベーションした	rénover 動 改修する
☐☐☐ Les toilettes sont au fond du <u>couloir</u>, à gauche. トイレは**廊下**の突き当りを左です	fond 男 奥
☐☐☐ L'<u>ascenseur</u> est en panne. **エレベーター**は故障中です	panne 女 故障
☐☐☐ Vous avez déjà vu le <u>mur</u> de Berlin ? ベルリンの**壁**を見たことがありますか？	vu < voir 動 見る
☐☐☐ Elle se regarde dans le <u>miroir</u>. 彼女は**鏡**で自分の姿を見ている	se regarder 代動 自分の姿を見る

733	une **douche** duʃ ドゥシュ	女	シャワー
734	un **meuble** mœbl ムブル	男	家具
735	un **toit** twa トワ	男	屋根
736	un **garage** gara:ʒ ガラージュ	男	車庫
737	une **cour** ku:r クール	女	中庭
738	une **piscine** pisin ピスィヌ	女	プール
739	une **couverture** kuvɛrty:r クヴェルチュール	女	毛布
740	un **oreiller** ɔreje オレイエ	男	枕
741	une **boîte** bwat ボワト	女	箱
742	le **ménage** mena:ʒ メナージュ	男	家事
743	une **machine** maʃin マシヌ	女	機械
744	l' **électricité** elɛktrisite エレクトリスィテ	女	電気

J'ai pris une <u>douche</u>. 私は**シャワー**を浴びた	pris < prendre 動 英 take
Ce sont des <u>meubles</u> très anciens. これらはとても古い**家具**だ	ancien 形 古い
Il y a une piscine sur le <u>toit</u> de cet hôtel. このホテルの屋上に**プール**がある	piscine 女 プール
Il a garé sa moto dans le <u>garage</u>. 彼はバイクを**ガレージ**に停めた	moto 女 オートバイ
Cette chambre donne sur la <u>cour</u>. この部屋は**中庭**に面している	donner sur... …に面している
Chaque semaine, je vais à la <u>piscine</u>. 毎週私は**プール**に行く	chaque 形 毎…
Je rajoute une <u>couverture</u>. **掛け布団**をもう1枚重ねる	rajouter 動 さらにつけ加える
L'<u>oreiller</u> est un peu dur. **枕**が少し固い	dur 形 固い
C'est une <u>boîte</u> à bijoux. これはアクセサリー**箱**です	bijou 男 宝石、 　　アクセサリー
Je déteste faire le <u>ménage</u>. 私は**家事**をするのが大嫌いだ	détester 動 ひどく嫌う
Il met en marche la <u>machine</u> à laver. 彼は**洗濯機**を回す	en marche (機械などが) 動いている
Le prix de l'<u>électricité</u> a augmenté. **電気代**が上がった	augmenter 動 上げる

175

745	☐☐☐	un **endroit** ɑ̃drwa アンドロワ	男	（具体的な、特定の）場所
746	☐☐☐	un **quartier** kartje カルティエ	男	地区
747	☐☐☐	un **immeuble** imœbl イムブル	男	（居住用の）建物
748	☐☐☐	un **monument** mɔnymɑ̃ モニュマン	男	記念建造物
749	☐☐☐	un **tabac** taba タバ	男	たばこ屋
750	☐☐☐	un **chemin** ʃ(ə)mɛ̃ シュマン	男	道 ＊一般的な道、田舎の道
751	☐☐☐	une **avenue** avny アヴニュ	女	大通り ＊主要な広場など中心部を通る直線の大通り
752	☐☐☐	un **boulevard** bulva:r ブルヴァール	男	大通り ＊（環状の）並木通り
753	☐☐☐	une **route** rut ルト	女	道路 ＊都市間を結ぶ道
754	☐☐☐	un **trottoir** trɔtwa:r トロトワール	男	歩道
755	☐☐☐	un **terrain** terɛ̃ テラン	男	土地、グラウンド
756	☐☐☐	un **banc** bɑ̃ バン	男	ベンチ

J'aime bien cet <u>endroit</u>. 私はここが好きだ	
C'est un <u>quartier</u> chic. ここはおしゃれな**地区**だ	chic 形 しゃれた
Ils habitent dans un <u>immeuble</u> immense. 彼らは巨大な**ビル**に住んでいる	immense 形 巨大な
C'est un <u>monument</u> classé à l'UNESCO. ユネスコに登録された**建造物**だ	classer 動 分類する
Où est le <u>tabac</u> le plus proche ? 一番近い**たばこ屋**はどこ？	proche 形 近い
J'ai demandé mon <u>chemin</u> à un passant. 通行人に**道**をたずねた	passant 名 通行人
Elles font du shopping dans l'<u>avenue</u> des Champs-Elysées. 彼女たちはシャンゼリゼ**通り**でショッピングする	
Je marche le long du <u>boulevard</u> des Capucines. キャピュシーヌ**大通り**に沿って歩く	le long de... …に沿って
Il y avait du monde sur la <u>route</u>. その**道路**は人通りがあった	monde 男 人々
La voiture s'est garée sur le <u>trottoir</u> ! 車が**歩道**の上にとまっているぞ！	se garer 代動 駐車する
C'est notre <u>terrain</u> de foot. これは私たちのサッカー**グラウンド**です	foot 男 サッカー
Il lit le journal sur un <u>banc</u> du parc. 彼は公園の**ベンチ**に座って新聞を読んでいる	lit < lire 動 読む

177

757	un **pont** pɔ̃ ポン	男 橋
758	un **champ** ʃɑ̃ シャン	男 畑
759	une **usine** yzin ユズィヌ	女 工場
760	un **aéroport** aerɔpɔːr アエロポール	男 空港
761	un **port** pɔːr ポール	男 港
762	un **incendie** ɛ̃sɑ̃di アンサンディ	男 火事
763	un **repas** r(ə)pɑ ルパ	男 食事
764	une **assiette** asjɛt アスィエト	女 皿
765	un **couteau** kuto クト	男 ナイフ (複 couteaux)
766	une **fourchette** furʃɛt フルシェト	女 フォーク
767	une **cuillère** kɥijɛːr キュイエール	女 スプーン
768	une **baguette** bagɛt バゲト	女 《複》箸、バゲット 《フランスパン》

☐☐☐ On est sur le <u>pont</u> des Arts.
私たちはポンデザール**橋**にいます

sur
前 …の上に

☐☐☐ Tout ça, ce sont des <u>champs</u> de blé.
これらすべては小麦**畑**です

blé
男 小麦

☐☐☐ C'est une <u>usine</u> de textile.
これは繊維**工場**です

textile
男 繊維

☐☐☐ Je me suis trompé d'<u>aéroport</u> !
私は**空港**を間違えた！

se tromper
代動 間違う

☐☐☐ Le <u>port</u> du Havre est le plus grand <u>port</u> de France.
ル・アーヴル**港**はフランス最大の**港**です

☐☐☐ Un <u>incendie</u> s'est déclaré dans une maison.
ある家で**火事**が発生した

se déclarer
代動 発生する

☐☐☐ Il n'a pas terminé son <u>repas</u>.
彼は**食事**を終えていない

terminer
動 終える

☐☐☐ J'ai fait tomber une <u>assiette</u>.
私は**皿**を落とした

tomber
動 落ちる

☐☐☐ Ce <u>couteau</u> ne coupe pas bien.
この**包丁**は切れない

couper
動 切れる

☐☐☐ Il manque une <u>fourchette</u>.
フォークが1本足りない

manquer
動 不足している

☐☐☐ C'est une <u>cuillère</u> à soupe.
これはスープ用の**スプーン**だ

soupe
女 スープ

☐☐☐ Tu sais utiliser les <u>baguettes</u> ?
君は**お箸**の使い方を知っているかい？

utiliser
動 使う

179

769	☐☐☐	un **couvert** kuvɛ:r クヴェール	男	食器一式
770	☐☐☐	une **carte** kart カルト	女	メニュー、カード
771	☐☐☐	un **menu** məny ムニュ	男	定食
772	☐☐☐	l' **appétit** apeti アペティ	男	食欲
773	☐☐☐	le **goût** gu グ	男	味、好み
774	☐☐☐	un **sandwich** sɑ̃dwi(t)ʃ サンドウィチ	男 サンドイッチ (複 sandwich(e)s)
775	☐☐☐	une **cigarette** sigarɛt スィガレト	女	たばこ
776	☐☐☐	un **dessert** desɛ:r デセール	男	デザート
777	☐☐☐	le **chocolat** ʃɔkɔla ショコラ	男	チョコレート
778	☐☐☐	la **crème** krɛm クレム	女	クリーム
779	☐☐☐	une **tarte** tart タルト	女	タルト
780	☐☐☐	un **croissant** krwasɑ̃ クロワサン	男 クロワッサン、 三日月

Mettez un autre <u>couvert</u>, s'il vous plaît.
食器一式をもう1人分用意してください

mettez < mettre
動 置く

Vous pouvez nous passer la <u>carte</u> ?
私たちにメニューを取ってくださる？

passer
動 手渡す

Je vous conseille le <u>menu</u> à vingt euros.
20ユーロの定食をおすすめします

conseiller
動 すすめる

Elle n'a pas beaucoup d'<u>appétit</u>.
彼女は食欲があまりない

L'eau a un drôle de <u>goût</u>.
その水は変な味がする

un(e) drôle de...
変な…

Je t'ai fait des <u>sandwichs</u>.
君にサンドイッチを作ったよ

fait < faire
動 作る

Excusez-moi, vous avez une <u>cigarette</u> ?
すみません。たばこはお持ちですか？

Je n'ai plus de place pour le <u>dessert</u>.
私にはデザートが入る場所がもうありません

place
女 スペース

Vous prendrez bien une mousse au <u>chocolat</u> ?
チョコレートムースを召し上がりますよね？

mousse
女 ムース、泡

Tu peux acheter de la <u>crème</u> fraîche ?
生クリームを買ってくれる？

fraîche < frais
形 新鮮な、生の

J'ai trouvé la recette de la <u>tarte</u> tatin.
タルトタタンのレシピを見つけた

recette
女 レシピ

J'adore les <u>croissants</u> au beurre.
バタークロワッサンが大好きです

beurre
男 バター

■ 49. 美術館で迷子になって…

A : Excusez-moi, où est la <u>sortie</u> ?

B : Vous descendez les escaliers et c'est au fond du <u>couloir</u>, à gauche.

A : すみません、出口はどこですか?

B : 階段を下りて、廊下の奥まで行って左です。

ちなみに「非常口」は une sortie de secours と une issue de secours という 2つの言い方があります。

仏検
4
級 名
詞

■ 50. 夫婦でフランス旅行をしていて…

A : Dans ce <u>quartier</u>, il y a beaucoup de <u>monuments</u> anciens.

B : C'est normal, c'est le centre historique de la ville.

A : この地区には古い建物が多いんだな。

B : 当然だよ。町の歴史的中心部だからね。

ancien / ancienne は名詞の前に来ると「元…」という意味になります。

例： C'est un ancien président. 元大統領です。

■ 51. ビストロでお会計していると…

A : Je peux payer par <u>carte</u> ?
B : Oui, j'arrive ! J'apporte la <u>machine</u>.

A : カードでお支払いしてもいいですか？
B : はい、すぐそちらに参ります！　カードの機械を持ってきますね。

「現金で払う」は payer en liquide または payer en espèces と言います。
« J'arrive ! » は「今に着くから！」というニュアンスの決まり文句。ちなみに、「ちょっとの時間」を表すときにフランス語では数字の2を使うことが多くあります。

例：　J'arrive dans deux minutes.　すぐに着くよ。

■ 52. カフェで注文時に…

A : Je vous écoute !
B : Alors, pour moi, ce sera une <u>tarte</u> aux poires, avec un <u>chocolat</u> chaud, s'il vous plaît.

A : ご注文をどうぞ！
B : 洋梨のタルトと、あとホットココアをください。

« Je vous écoute ! » の直訳は「あなたの話を聞きます」で、店員が使えば「ご注文をお伺いします」という決まり文句に。「チョコレート」と「ココア」、どちらの意味でもフランス語では un chocolat と呼びます。

dans

1. 〈空間〉…の中で、…の中に

Il y a un chat dans le jardin !　庭に猫がいる！

2. …の中を

J'ai voyagé dans plusieurs pays en Asie.
アジアでは数か国に行きました。

3. 〈所属〉…に、…で

Elle travaille dans un bar à vins.　彼女はワインバーで仕事をしている。

4. 〈時間〉…の間に

Dans mon enfance, j'allais souvent au cinéma.
子供の頃、よく映画館に行っていた。

5. 〈時間〉（今から）…後に

J'arrive dans cinq minutes.　あと5分で着く。

chez

1. …の家

Tu es chez toi ?　いま自宅にいるの?

2. …の店

Je vais chez le boulanger.　パン屋に行く。

3. …の国では、…の地方では

Chez nous, on ne mange pas de riz tous les jours.
私たちの国では、毎日お米は食べませんね。

4. …において《性格》

J'aime tout chez lui.　彼の全部が好き。

184

sur

1. 〈位置〉…の上に

J'ai marché sur son pied.　彼の足を踏んでしまった。

2. 〈場所〉…で

On fait la sieste sur la plage.　浜辺で昼寝をする。

3. 〈主題〉…について

C'est un documentaire sur la Révolution française.
フランス革命に関するドキュメンタリーです。

4. 〈媒体〉…上

Il poste des vidéos sur Internet.　彼はネット上に動画を投稿している。

---

sous

1. 〈位置〉…の下に

Le chien est sous la table.　犬はテーブルの下にいる。

2. 〈原因〉…によって

Sous la pression des journalistes, il a avoué.
ジャーナリストたちの圧力に負けて、彼は自白した。

3. 〈時間〉…のうちに

Le dessert va arriver sous peu.　まもなくデザートをお持ちします。

4. 〈視点〉…から見て

Je n'avais pas vu ce problème sous cet angle.
この問題をその角度から検討していなかった。

781	☐☐☐	un **gâteau** gɑto ガト	男 菓子、ケーキ (複 gâteaux)
782	☐☐☐	un **morceau** mɔrso モルソ	男 ひと切れ (複 morceaux)
783	☐☐☐	la **confiture** kɔ̃fity:r コンフィチュール	女 ジャム
784	☐☐☐	le **sucre** sykr スュクル	男 砂糖
785	☐☐☐	une **addition** adisjɔ̃ アディスィヨン	女 会計、勘定
786	☐☐☐	un **service** sɛrvis セルヴィス	男 サービス、手伝い

787	☐☐☐	un **drapeau** drapo ドラポ	男 旗 (複 drapeaux)
788	☐☐☐	un **bijou** biʒu ビジュ	男 宝石、 アクセサリー (複 bijoux)
789	☐☐☐	un **bouton** butɔ̃ ブトン	男 ボタン
790	☐☐☐	l' **or** ɔ:r オール	男 金（きん）
791	☐☐☐	le **cuir** kɥi:r キュイール	男 革
792	☐☐☐	un **tissu** tisy ティスュ	男 生地

□□□ On a acheté son <u>gâteau</u> d'anniversaire.
彼（女）の誕生日ケーキを買った

anniversaire
男 誕生日

□□ Laisse-moi goûter un <u>morceau</u>.
ひと切れ味見させてちょうだい

goûter
動 味を見る

□□ Je mets de la <u>confiture</u> de fraises.
イチゴのジャムをつける

fraise
女 イチゴ

□□ Où est le <u>sucre</u> en poudre ?
粉砂糖はどこ？

poudre
女 粉末

□□ L'<u>addition</u>, s'il vous plaît.
お会計をお願いします

□□ Je voulais te demander un <u>service</u>...
ひとつお願いしたいことがあるんだけど…

demander
動 頼む

□□ Comment est le <u>drapeau</u> de Monaco ?
モナコの旗ってどんなもの？

comment
副 どんな

□□ Elle a vendu tous ses <u>bijoux</u>.
彼女はアクセサリーをすべて売った

vendu < vendre
動 売る

□□ Ce <u>bouton</u> est en train de partir.
このボタンは外れかかっている

être en train de...
…しつつある

□□ Cet athlète a eu la médaille d'<u>or</u>.
このアスリートは金メダルを獲った

athlète
名 アスリート

□□ Il collectionne les vestes en <u>cuir</u>.
彼は革のジャケットを集めている

veste
女 ジャケット

□□ Quel est le <u>tissu</u> de ce vêtement ?
この洋服の生地は何ですか？

vêtement
男 服

187

793	□□□ une **mode**² mɔd モド	女 流行	
794	□□□ un **article** artikl アルティクル	男 記事	
795	□□□ un **journal** ʒurnal ジュルナル	男 新聞 (複 **journaux** /ʒurno/)	
796	□□□ un **livre** li:vr リーヴル	男 本	
797	□□□ un **roman** rɔmɑ̃ ロマン	男 小説	
798	□□□ un **titre** titr ティトル	男 題名	
799	□□□ une **revue** r(ə)vy ルヴュ	女 雑誌	
800	□□□ un **dictionnaire** diksjɔnɛ:r ディクスィヨネール	男 辞書	
801	□□□ une **page** pa:ʒ パージュ	女 ページ	
802	□□□ un **parapluie** paraplɥi パラプリュイ	男 雨傘	
803	□□□ un **timbre** tɛ̃:br タンブル	男 切手	
804	□□□ un **colis** kɔli コリ	男 小包	

☐ C'est une nouvelle <u>mode</u>. ☐ ☐ これは新しい**流行**です	nouvelle < nouveau 形 新しい
☐ Vous avez lu cet <u>article</u> ? ☐ ☐ この**記事**を読みましたか？	lu < lire 動 読む
☐ Ce <u>journal</u> a de moins en moins de lecteurs. ☐ ☐ この**新聞**は読者がだんだんと減っている	de moins en moins de... ますます少ない…
☐ C'est un <u>livre</u> pour enfants. ☐ ☐ これは子供向けの**本**です	
☐ J'ai une passion pour les <u>romans</u> de ☐ science-fiction. ☐ 私はSF**小説**に熱中している	passion 女 情熱
☐ C'était quoi déjà, le <u>titre</u> du film ? ☐ ☐ その映画の**タイトル**って何だったっけ？	
☐ C'est une <u>revue</u> littéraire. ☐ ☐ これは文学**雑誌**です	littéraire 形 文学の
☐ J'utilise un <u>dictionnaire</u> en ligne. ☐ ☐ 私はオンライン**辞書**を使います	en ligne オンラインの
☐ Il a déchiré une <u>page</u> de son carnet. ☐ ☐ 彼は手帳の1**ページ**を破った	déchirer 動 破る
☐ Quelqu'un a pris mon <u>parapluie</u>. ☐ ☐ 誰かが私の**傘**を取った	quelqu'un 代 ある人
☐ Certains <u>timbres</u> sont très rares. ☐ ☐ いくつかの**切手**はとても珍しい	rare 形 珍しい
☐ J'expédie un <u>colis</u> à l'étranger. ☐ ☐ 外国に**小包**を送る	expédier 動 発送する

	805	☐☐☐ une **arme** arm アルム	女 武器、《複》軍隊 ★ arme à feu　火器

806	☐☐☐ un **transport** trãspɔːr トランスポール	男 輸送
807	☐☐☐ l' **arrivée** arive アリヴェ	女 到着
808	☐☐☐ le **départ** depaːr デパール	男 出発
809	☐☐☐ le **retour** r(ə)tuːr ルトゥール	男 帰り
810	☐☐☐ un **vol** vɔl ヴォル	男 フライト
811	☐☐☐ un **quai** ke ケ	男 プラットホーム
812	☐☐☐ un **tunnel** tynɛl チュネル	男 トンネル
813	☐☐☐ un **retard** r(ə)taːr ルタール	男 遅れ
814	☐☐☐ un **accident** aksidã アクスィダン	男 事故
815	☐☐☐ un **tarif** tarif タリフ	男 料金
816	☐☐☐ la **vitesse** vitɛs ヴィテス	女 スピード

仏検 4級 名詞

☐☐☐ Il avait une <u>arme</u> à feu.
彼は**銃器**を持っていた

☐☐☐ Privilégiez les <u>transports</u> en commun.
公共**交通**を優先的に使ってください

privilégier
動 優遇する

☐☐☐ Nous vous attendons au niveau des <u>arrivées</u>.
到着フロアでお待ちしております

niveau
男 階

☐☐☐ Le <u>départ</u> est prévu à dix heures.
出発は 10 時を予定している

prévu < prévoir
動 予想する

☐☐☐ Le trajet du <u>retour</u> est plus fatigant.
帰りの旅の方が疲れる

trajet
男 道のり

☐☐☐ C'était le dernier <u>vol</u> disponible.
空きのある最後の**フライト**です

disponible
形 空いている

☐☐☐ J'attends le train sur le <u>quai</u>.
ホームで電車を待つ

attends < attendre
動 待つ

☐☐☐ On entre dans un <u>tunnel</u>.
トンネルに入ります

entrer
動 入る

☐☐☐ Je suis en <u>retard</u> à cause du train.
私は電車のせいで**遅れ**ています

à cause de...
…のせいで

☐☐☐ Il vient d'y avoir un <u>accident</u> de voiture.
自動車**事故**があったばかりだ

venir de...
…したばかりだ

☐☐☐ Est-ce que j'ai droit au <u>tarif</u> réduit ?
私は割引**料金**が適用されますか？

droit
男 権利

☐☐☐ J'ai dépassé la <u>vitesse</u> autorisée.
私は法定**速度**を超えてしまった

dépasser
動 上回る

	817	☐☐☐	la **distance** distɑ̃ːs ディスタンス	囡 距離
	818	☐☐☐	un **bagage** bagaːʒ バガージュ	男 荷物
	819	☐☐☐	un **bruit** bru̯i ブリュイ	男 物音、騒音
	820	☐☐☐	un **son** sɔ̃ ソン	男 音

	821	☐☐☐	l' **air** ɛːr エール	男 空気
	822	☐☐☐	le **climat** klima クリマ	男 気候
	823	☐☐☐	la **chaleur** ʃalœːr シャルール	囡 暑さ
	824	☐☐☐	une **rivière** rivjɛːr リヴィエール	囡 川 * rivières を集め、海に流れ 込む大きな川は fleuve 男
	825	☐☐☐	une **plage** plaːʒ プラージュ	囡 浜辺
	826	☐☐☐	une **colline** kɔlin コリヌ	囡 丘
	827	☐☐☐	un **paysage** peizaːʒ ペイザージュ	男 景色
	828	☐☐☐	un **espace** ɛspas エスパス	男 空間

□□□ Quelle est la <u>distance</u> entre Paris et Deauville ?
パリからドーヴィルまでの**距離**はどのくらいですか？

□□□ On a beaucoup de <u>bagages</u>.
私たちは**荷物**が多い

□□□ Il y a du <u>bruit</u>, là-bas.
そこから**物音**がする

□□□ J'ai entendu un <u>son</u> étrange.
変な**音**が聞こえた

étrange
形 変な

□□□ L'<u>air</u> est pur.
空気が澄んでいる

pur
形 澄んだ

□□□ Le <u>climat</u> est doux dans cette région.
この地域の**気候**は温暖だ

doux
形 穏やかな

□□□ La <u>chaleur</u> est étouffante !
ひどい蒸し**暑さ**だ！

étouffant
形 窒息しそうな

□□□ On s'est baignés dans une <u>rivière</u>.
私たちは**川**で水浴びをした

se baigner
代動 水浴びする

□□□ Ils ont bronzé sur la <u>plage</u>.
彼らは**浜辺**で肌を焼いた

bronzer
動 日焼けする

□□□ On va sur le sommet de la <u>colline</u> ?
丘の頂上に行こうか？

sommet
男 頂上

□□□ Le <u>paysage</u> est exceptionnel.
その**景色**は特別だ

exceptionnel
形 例外的な

□□□ C'est un <u>espace</u> pour les fumeurs.
喫煙**スペース**だ

fumeur
名 喫煙者

自然	829	☐☐☐ un **orage** ɔraːʒ オラージュ	男 雷雨
	830	☐☐☐ une **tempête** tɑ̃pɛt タンペト	女 嵐
	831	☐☐☐ une **plante** plɑ̃ːt プラント	女 植物
	832	☐☐☐ une **herbe** ɛrb エルブ	女 草
	833	☐☐☐ une **rose** roːz ローズ	女 バラ
	834	☐☐☐ une **pierre** pjɛːr ピエール	女 石
買い物	835	☐☐☐ les **courses** kurs クルス	女 復 買い物
	836	☐☐☐ un **achat** aʃa アシャ	男 購入
	837	☐☐☐ une **caisse** kɛs ケス	女 レジ
	838	☐☐☐ une **queue** kø ク	女 行列
	839	☐☐☐ une **somme** sɔm ソム	女 合計、値段
	840	☐☐☐ un **choix** ʃwa ショワ	男 選択

Il y a eu un <u>orage</u> hier soir.
昨晩**にわか雨**があった

La <u>tempête</u> a détruit des milliers d'arbres.
嵐が数千の木々をなぎ倒した

détruit < détruire
動 破壊する

Cette <u>plante</u> existe seulement en haute altitude.
この**植物**は標高の高いところにしか存在しない

altitude
女 海抜

On va mettre aussi des <u>herbes</u> de Provence.
エルブ・ド・プロヴァンスも入れます

Il m'a offert un bouquet de <u>roses</u>.
彼は私に**バラ**のブーケを贈ってくれた

offert < offrir
動 贈る

Elle a un cœur de <u>pierre</u>.
彼女は冷酷だ 《彼女は**石**の心を持っている》

cœur
男 心、心臓

Je vais faire les <u>courses</u> à côté.
すぐそこに**買い物**しに行く

à côté
隣に

Vous avez fini vos <u>achats</u> de Noël ?
クリスマスの**お買い物**は済ませましたか?

Noël
男 クリスマス

Il n'y a personne à la <u>caisse</u> !
レジに誰もいない!

ne... personne
ひとりも…ない

Tout le monde fait la <u>queue</u>.
みんなが**列**をつくって並んでいる

tout le monde
みんな

C'est une <u>somme</u> exagérée.
それは法外な**値段**だ

exagéré
形 度を越した

Je ne suis pas sûr de mon <u>choix</u>.
私は自分の**選択**に自信がありません

sûr
形 確信している

■ 53. スマートフォンで何かを読んでいる友だちを見て…

A : Qu'est-ce que tu lis, sur ton smartphone ?
B : Je lis un <u>article</u> Wikipédia sur le <u>drapeau</u> français : je me suis
　　demandé pourquoi c'était bleu, blanc, rouge.

A : スマホで何読んでいるの？
B : ウィキペディアの記事。フランスの国旗についてだよ。なんで青、白、赤
　　の3色か疑問に思ってね。

3色はいずれもフランス革命に関係していると言われています。青と赤は革命を起こしたパリ市民の象徴（現在でもパリ市を象徴する2色）、白は王室を象徴する白百合の色です。

■ 54. 宝石店で指輪を選んでいると…

A : J'aime bien celle-ci.
B : Il s'agit d'une bague en <u>or</u> rose : c'est un modèle très à la
　　<u>mode</u>, en ce moment.

A : この指輪、いいですね。
B : こちらはピンクゴールドで出来ております。最近とても流行っているモデルです。

celle-ci は女性名詞（ここでは bague）を受けて、近くにある物や人を指します。ピンクゴールドは純金、銀そして銅から作られた合金のこと。la mode は「ファッション」「流行」の意味でよく使われます。

■ 55. 貸していた小説を返してもらって…

A : Alors, comment tu as trouvé ce <u>roman</u> ?
B : Passionnant ! <u>Page</u> après <u>page</u>, j'ai été emporté par l'histoire.

A : それで、この小説、どうだった？
B : 夢中になって読んだよ！　ページを追うごとに、物語に引き込まれていく
　　感じだった。

動詞 emporter は元々「運ぶ」という意味。レストランでよく使われる「店内で
お召し上がりですか？　お持ち帰りですか？」というセリフは « C'est sur place
ou à emporter ? » と言います。

■ 56. 電話でのやり取り

A : Allô ? Tu es où, là ?
B : J'arrive dans vingt minutes. Mon <u>TGV</u> a du <u>retard</u>.

A : もしもし、いまどこなの？
B : あと 20 分で着く。いま乗っている TGV が遅れていてね。

TGV は train à grande vitesse の略で、フランス国鉄の高速鉄道。日本の新幹
線開業（1964年）に17年遅れて、1981年に営業運転を開始しました。

avant /
après

1. 〈時間〉(a) …の前に / …の後に

Tu rentres avant vingt-trois heures, d'accord ?
夜の 11 時までに帰ってくるんだよ。

On va boire un coup après le travail ?
仕事の後に一杯でもどう?

(b) 〈**avant de ＋不定詞**〉…**する前に /**

〈**après ＋不定詞複合形**〉…**した後に**

Je me lave les mains avant de manger.
食事する前に手を洗う。

Après avoir lu ce livre, ma vie a complètement changé.
この本を読んでから、私の人生は完全に変わった。

2. 〈順番〉…より先に / …より後に

On était avant vous !
私たちの方が先に並んでいましたよ!

Après vous, je vous en prie.
お先にどうぞ。

AVANT / APRÈS

devant /
derrière

1. 〈場所〉…の前に / …の後に、裏に

Il est passé devant moi.
あの人は私の前に割り込んできた。

Le prix est indiqué derrière le livre.
本の裏に値段が表示されています。

2. 〈順番〉…の前に / …に続いて

Ce club de foot est devant tous les autres.
このサッカークラブは他をおさえて1位である。

Je cours juste derrière lui.
彼のすぐ後ろを私は走っている。

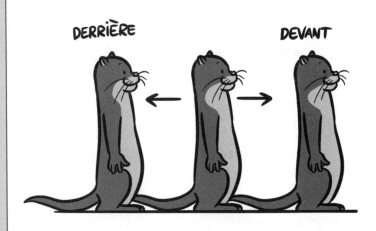

DERRIÈRE　　　　　　　DEVANT

841	**souhaiter** swɛte スエテ	動 願う
842	**espérer** ɛspere エスペレ	動 期待する
843	**prier** prije プリエ	動 祈る
844	**désirer** dezire デズィレ	動 望む
845	**rêver** rɛve レヴェ	動 夢を見る
846	**remercier** r(ə)mɛrsje ルメルスィエ	動 感謝する
847	**respecter** rɛspɛkte レスペクテ	動 尊敬する
848	**admirer** admire アドミレ	動 感心する
849	**s'intéresser** sɛ̃terese サンテレセ	代動 興味を持つ
850	**réfléchir** refleʃiːr レフレシール	動 よく考える
851	**reconnaître** r(ə)kɔnɛtr ルコネトル	動 それとわかる
852	**remarquer** r(ə)marke ルマルケ	動 気づく

☐☐☐ Je vous <u>souhaite</u> un très joyeux Noël !
いいクリスマスをお過ごし**ください**！

joyeux
形 楽しい

☐☐☐ J'<u>espère</u> vous revoir bientôt.
早くあなたにお会いできるよう**願っています**

revoir
動 再び会う

☐☐☐ Nous vous <u>prions</u> de nous excuser pour le retard.
遅れましたことをお許し**ください**

excuser
動 許す

☐☐☐ Vous <u>désirez</u> autre chose ? Un dessert ?
何か他の物はいかがでしょうか？　デザートとか？

dessert
男 デザート

☐☐☐ Elle <u>rêve</u> de devenir comédienne.
彼女は役者を**夢見ている**

comédien
名 役者

☐☐☐ Je vous <u>remercie</u> pour votre réponse.
お返事に**感謝いたします**

réponse
女 答え

☐☐☐ Tous le <u>respectent</u>.
みんなが彼を**尊敬している**

tous /tus/
代 みんな

☐☐☐ J'<u>admire</u> sa patience.
彼（女）の忍耐強さには**感心する**

patience
女 忍耐

☐☐☐ Elle <u>s'intéresse</u> à l'architecture.
彼女は建築学に**興味を持っている**

architecture
女 建築

☐☐☐ Je vais <u>réfléchir</u> un peu.
ちょっと**考えてみます**

vais < aller
動

☐☐☐ Vous me <u>reconnaissez</u> ?
私が誰か**おわかりになります**か？

☐☐☐ Je n'<u>ai</u> pas <u>remarqué</u> de changements.
私は変化に**気づか**なかった

changement
男 変化

思考・感情・感覚	853	☐☐☐	**se souvenir** s(ə)suvniːr ススヴニール	代動 覚えている ＊思い出として、心で
	854	☐☐☐	**se rappeler** s(ə)raple スラプレ	代動 覚えている ＊記憶として、頭で
	855	☐☐☐	**regretter** r(ə)grete ルグレテ	動 後悔する
	856	☐☐☐	**souffrir** sufriːr スフリール	動 苦しむ
	857	☐☐☐	**oser** oze オゼ	動 あえて…する
対象に変化を与える	858	☐☐☐	**ajouter** aʒute アジュテ	動 つけ加える
	859	☐☐☐	**remplir** rãpliːr ランプリール	動 満たす、記入する
	860	☐☐☐	**retirer** r(ə)tire ルティレ	動 引き出す、はずす
	861	☐☐☐	**sauver** sove ソヴェ	動 救う
	862	☐☐☐	**blesser** blese ブレセ	動 けがをさせる、 傷つける
	863	☐☐☐	**battre** batr バトル	動 叩く、打ち勝つ
	864	☐☐☐	**casser** kase カセ	動 壊す

仏検 **4** 級 動詞

☐☐☐ Tu <u>te souviens</u> de notre rencontre ?
私たちの出会いを**覚えている**？

rencontre
女 出会い

☐☐☐ Je n'arrive pas à <u>me rappeler</u> son nom.
彼（女）の名前を**思い出せ**ない

arriver à...
…できるようになる

☐☐☐ J'<u>ai regretté</u> mon geste, après.
後になって自分の行為を**後悔した**

geste
男 行為

☐☐☐ Il <u>a</u> beaucoup <u>souffert</u> de cette séparation.
彼はこの離別でとても**苦しんだ**

séparation
女 別れ

☐☐☐ Elle <u>a osé</u> critiquer le patron en public.
厚かましくも彼女は公然とオーナーを非難**した**

critiquer
動 非難する

☐☐☐ J'<u>ai ajouté</u> de la musique sur la vidéo.
動画に音楽を**のせた**

vidéo
女 ビデオ、動画

☐☐☐ Il faut <u>remplir</u> ce formulaire.
この申請書を**記入し**なければならない

formulaire
男 申し込み用紙

☐☐☐ « Veuillez <u>retirer</u> votre carte. »
カードを**引き抜いて**ください

veuillez < vouloir
動

☐☐☐ Vous m'<u>avez sauvé</u> la vie.
私はあなたに命を**救われ**ました

vie
女 命

☐☐☐ Ça m'<u>a blessé</u>, quand tu m'as dit ça.
君がそれを口にして私は**傷ついた**

dit < dire
動 言う

☐☐☐ Il <u>a battu</u> le record du monde !
彼は世界記録を**破った**！

record
男 記録

☐☐☐ J'<u>ai cassé</u> l'écran de mon téléphone.
私は電話の画面を**壊して**しまった

écran
男 ディスプレイ

	865	☐☐☐	**détruire** detrɥiːr デトリュイール	動 破壊する
	866	☐☐☐	**séparer** separe セパレ	動 分ける
	867	☐☐☐	**boucher** buʃe ブシェ	動 栓をする
	868	☐☐☐	**construire** kɔ̃strɥiːr コンストリュイール	動 建設する
	869	☐☐☐	**installer** ɛ̃stale アンスタレ	動 設置する
	870	☐☐☐	**arranger** arɑ̃ʒe アランジェ	動 整える、解決する
	871	☐☐☐	**réparer** repare レパレ	動 修理する
	872	☐☐☐	**remplacer** rɑ̃plase ランプラセ	動 取り替える
	873	☐☐☐	**couvrir** kuvriːr クヴリール	動 覆う
	874	☐☐☐	**cacher** kaʃe カシェ	動 隠す
	875	☐☐☐	**allumer** alyme アリュメ	動 （火などを）つける
	876	☐☐☐	**brûler** bryle ブリュレ	動 焼く、焦がす

☐☐☐ Il faut <u>détruire</u> le disque dur.
ハードディスクを**壊さ**なければならない

dur
形 固い

☐☐ Ils <u>ont séparé</u> les filles et les garçons.
彼らは女子と男子を**分けた**

☐☐☐ Tu as quelque chose pour <u>boucher</u> ce trou ?
この穴を**埋める**ための何かを持っているかい？

trou
男 穴

☐☐☐ Ils <u>ont construit</u> leur propre maison.
彼らは自身の家を**建てた**

propre
形 自分自身の

☐☐☐ On <u>a installé</u> notre tente là-bas.
私たちはそこにテントを**設営した**

tente
女 テント

☐☐☐ Je vais <u>arranger</u> le problème.
私が問題を**解決しましょう**

problème
男 問題

☐☐☐ Il a pu <u>réparer</u> la télé.
彼はテレビを**修理**できた

télé
女 テレビ

☐☐☐ On doit <u>remplacer</u> cette pièce.
この部品を**取り替え**ないと

pièce
女 部品

☐☐☐ Il <u>a couvert</u> le mur de dessins.
彼はその壁を絵で**覆った**

mur
男 壁

☐☐☐ Tu me <u>caches</u> quelque chose ?
私に何か**隠しごとをしている**？

quelque chose
代 あるもの

☐☐☐ Vous pouvez <u>allumer</u> la lumière ?
照明を**つけて**くれますか？

lumière
女 明かり

☐☐☐ Ah, ça <u>brûle</u> ! C'est de l'alcool ?
あー！　**焼けるように熱い**。これは（消毒用）アルコールかい？

alcool
男 アルコール

877	☐☐☐	**cultiver** kyltive キュルティヴェ	動 耕す
878	☐☐☐	**lancer** lɑ̃se ランセ	動 投げる
879	☐☐☐	**appuyer** apɥije アピュイエ	動 強く押す
880	☐☐☐	**s'habiller** sabije サビエ	代動 服を着る
881	☐☐☐	**se dépêcher** s(ə)depeʃe スデペシェ	代動 急ぐ
882	☐☐☐	**rencontrer** rɑ̃kɔ̃tre ランコントレ	動 出会う
883	☐☐☐	**revoir** r(ə)vwa:r ルヴォワール	動 再び会う
884	☐☐☐	**attendre** atɑ̃:dr アタンドル	動 待つ
885	☐☐☐	**inviter** ɛ̃vite アンヴィテ	動 招待する
886	☐☐☐	**assister** asiste アスィステ	動 出席する
887	☐☐☐	**promettre** prɔmɛtr プロメトル	動 約束する
888	☐☐☐	**accepter** aksɛpte アクセプテ	動 受け入れる

☐☐☐ Ces agriculteurs <u>cultivent</u> des pommes de terre.
ここの農家はジャガイモを**栽培している**

agriculteur
名 農家

☐☐☐ A toi de <u>lancer</u> les dés.
君の番だよ。サイコロを**投げて**

dé
男 サイコロ

☐☐☐ <u>Appuyez</u> sur « dièse ».
「シャープ」を**押して**ください

dièse
男 シャープ

☐☐☐ Je <u>m'habille</u> comment ?
どんな服を**着れ**ばいい？

☐☐☐ Allez, <u>dépêchez-vous</u> !
ほら。**急いで**！

☐☐☐ J'ai été ravi de vous <u>rencontrer</u>.
お会いして光栄でした

ravi
形 非常にうれしい

☐☐☐ Elle <u>a revu</u> son ex-mari, l'autre jour.
先日、彼女は前の夫に**会った**

l'autre jour
先日

☐☐☐ J'<u>attends</u> depuis une heure !
1 時間前から**待ってる**んだけど！

☐☐☐ Ils <u>ont invité</u> tous leurs amis.
彼らは友だちをみんな**招待した**

☐☐☐ Je n'ai pas pu <u>assister</u> à cette conférence.
私はこの講演に**出席する**ことができなかった

conférence
女 講演

☐☐☐ Tu me <u>promets</u> de ne pas le répéter !
それを誰にも言わないって**約束して**くれ！

répéter
動 口外する

☐☐☐ Il n'<u>a</u> pas <u>accepté</u> sa proposition.
彼は彼（女）の提案を**受け入れ**なかった

proposition
女 提案

889	**permettre** pɛrmɛtr ペルメトル	動 許可する
890	**refuser** r(ə)fyze ルフュゼ	動 断る
891	**saluer** salɥe サリュエ	動 あいさつする
892	**répondre** repɔ̃:dr レポンドル	動 答える
893	**déranger** derɑ̃ʒe デランジェ	動 迷惑をかける
894	**mentir** mɑ̃ti:r マンティール	動 うそをつく ⇒ mensonge 男 うそ
895	**tromper** trɔ̃pe トロンペ	動 だます、 浮気する
896	**raconter** rakɔ̃te ラコンテ	動 語る
897	**discuter** diskyte ディスキュテ	動 討議する、 話をする
898	**déclarer** deklare デクラレ	動 表明する
899	**se marier** s(ə)marje スマリエ	代動 結婚する
900	**présenter** prezɑ̃te プレザンテ	動 紹介する

Je ne vous <u>permets</u> pas de me parler ainsi !
私にそんな口の利き方をするのは**許しません**！

ainsi
副 そのように

Elle <u>a</u> <u>refusé</u> de me donner son numéro.
彼女は私に電話番号を教えるのを**断った**

numéro
男 番号

<u>Saluez</u> vos parents de ma part.
ご両親に**よろしくお伝えください**

de la part de...
…から

Il ne <u>répond</u> pas à mes messages.
彼は私のメッセージに**答え**ない

message
男 メッセージ

Allô, je ne vous <u>dérange</u> pas ?
もしもし、いま大丈夫でしょうか？

allô
間 もしもし

Pourquoi tu m'<u>as</u> <u>menti</u> ?
なぜ私に**うそをついた**の？

pourquoi
副 なぜ

Est-ce qu'il <u>trompe</u> sa femme ?
彼は**浮気している**のだろうか？

femme
女 妻

Il <u>raconte</u> toujours la même histoire.
彼はいつも同じ**話をする**

histoire
女 お話

On <u>a</u> <u>discuté</u> de tout et de rien.
私たちはとりとめのないことをたくさん**話し合った**

de tout et de rien
くだらない様々なこと

Ils <u>ont</u> <u>déclaré</u> leur indépendance.
彼らは独立を**表明した**

indépendance
女 独立

On <u>s'est</u> <u>mariés</u> en quelle année, déjà ?
そういえば、何年に**結婚した**んだっけ？

déjà
副 そういえば…

Je vous <u>présente</u> Inès, ma femme.
みなさんに妻のイネスを**ご紹介します**

femme
女 妻

209

■ 57. 作家のサイン会で…

A : J'<u>admire</u> beaucoup ce que vous faites.
B : Merci ! J'<u>espère</u> que vous allez aimer mon prochain livre aussi.

A : 大ファンです。
B : ありがとうございます！　次作も気に入ってくれるといいんですけど。

« J'admire beaucoup ce que vous faites. » は直訳すると「あなたがしていることに大変感心しています」になり、ファンが憧れの存在に対して言う、お決まりのセリフです。

■ 58. フランス語の宿題を直してくれた先生に感謝して…

A : Je vous <u>remercie</u> d'avoir corrigé mon français.
B : Je vous en <u>prie</u> : je suis content d'avoir pu vous aider.

A : 私のフランス語を直していただいてありがとうございました。
B : どういたしまして。お役に立ててうれしいです。

« Je vous en prie. » は「どういたしまして」と言うときの丁寧な言い方です。ほかに « De rien. » や « Il n'y a pas de quoi. » といった友だち同士で使う言い回しもあります。

■ 59. とても楽しかった旅行の最終日…

A : Je <u>me</u> <u>souviendrai</u> toute ma vie de ce voyage.
B : Pareil : je ne <u>regrette</u> pas d'être venu.

A : この旅行のことは一生忘れないよ。
B : 僕も同じだよ。本当に来てよかった。

« Pareil. » は « C'est pareil pour moi. »（私に関しても同じ）を略した形です。
やり取りで使われている « je ne regrette pas... » は「後悔していない」というよ
りも「よかった」というニュアンスです。

■ 60. 夫婦での会話

A : Tu <u>as</u> <u>invité</u> Thibaut à la soirée ?
B : Oui, j'<u>attends</u> sa réponse.

A : ティボーをパーティーに誘った？
B : 誘ったけど、まだ返事待ち。

une soirée は夜行われるパーティーやイベントを指します。そして、夜のあいさ
つでフランス語話者がよく使うのは « Bonne soirée ! »（よい晩を！）ですね。

901	☐☐☐	**recommander** r(ə)kɔmɑ̃de ルコマンデ	動 推薦する
902	☐☐☐	**conseiller** kɔ̃seje コンセイエ	動 助言する

903	☐☐☐	**envoyer** ɑ̃vwaje アンヴォワイエ	動 送る
904	☐☐☐	**recevoir** rəs(ə)vwa:r ルスヴォワール	動 受け取る
905	☐☐☐	**offrir** ɔfri:r オフリール	動 贈る
906	☐☐☐	**obtenir** ɔptəni:r オプトニール	動 手に入れる
907	☐☐☐	**prêter** prete プレテ	動 貸す
908	☐☐☐	**louer** lwe ルエ	動 賃貸しする、賃借りする
909	☐☐☐	**emprunter** ɑ̃prœ̃te アンプランテ	動 借りる
910	☐☐☐	**rendre** rɑ̃:dr ランドル	動 返す
911	☐☐☐	**voler**[1] vɔle ヴォレ	動 盗む
912	☐☐☐	**commander** kɔmɑ̃de コマンデ	動 命令する、注文する

Qu'est-ce que vous me <u>recommandez</u> ?
何が**おすすめです**か？

Je te <u>conseille</u> vraiment ce livre.
この本は本当に**おすすめ**だよ

livre
男 本

Je vous <u>ai envoyé</u> un mail, hier soir.
昨晩あなたにメールを**送りました**

mail
男 メール

Tu <u>as reçu</u> mes photos ?
私の写真は**受け取った**？

photo
女 写真

Les enfants m'<u>ont offert</u> un bouquet de fleurs.
子どもたちは私に花束を**贈ってくれた**

bouquet
男 ブーケ

Heureusement, elle a pu <u>obtenir</u> une bourse.
幸運なことに、彼女は奨学金を**手に入れた**

bourse
女 奨学金

Tu peux me <u>prêter</u> ta gomme ?
君の消しゴムを**貸して**くれる？

gomme
女 消しゴム

Ils <u>ont loué</u> une villa pour les vacances.
彼らはバカンスにビラを**借りた**

villa
女 別荘

Il <u>a emprunté</u> de l'argent à la banque.
彼は銀行からお金を**借りた**

argent
男 お金

<u>Rends</u>-moi ça !
それを私に**返して**！

Il m'<u>a volé</u> toutes mes idées.
彼は私のアイディアをみんな**盗んだ**

idée
女 アイディア

On va <u>commander</u> ?
注文しようか？

913	☐☐☐	**préparer** prepare プレパレ	動 準備する
914	☐☐☐	**réussir** reysi:r レユスィール	動 成功する
915	☐☐☐	**échouer** eʃwe エシュエ	動 失敗する
916	☐☐☐	**rater** rate ラテ	動 しくじる、 つかまえ損なう
917	☐☐☐	**empêcher** ɑ̃peʃe アンペシェ	動 妨げる
918	☐☐☐	**essayer** eseje エセイエ	動 試してみる
919	☐☐☐	**répéter** repete レペテ	動 繰り返す
920	☐☐☐	**terminer** tɛrmine テルミネ	動 終わらせる
921	☐☐☐	**découvrir** dekuvri:r デクヴリール	動 発見する
922	☐☐☐	**retrouver** r(ə)truve ルトルヴェ	動 再び見つける
923	☐☐☐	**comparer** kɔ̃pare コンパレ	動 比較する
924	☐☐☐	**compter** kɔ̃te コンテ	動 数える、 考慮に入れる ★ compter sur... 　...を当てにする

Je <u>prépare</u> mon séjour au Canada.
カナダ滞在の**準備をします**

séjour
男 滞在

Il <u>a réussi</u> tous ses examens.
彼はすべての試験で**成功を収めた**

examen
男 テスト

Elle <u>a échoué</u> au concours.
彼女は試験に**落ちた**

concours
男 選抜試験

Vite, on va <u>rater</u> l'avion !
早く！ 飛行機に**乗り遅れる**よ！

avion
男 飛行機

Personne ne m'<u>empêchera</u> de dire la vérité.
私が真実を語るのは誰にも**邪魔できない**

vérité
女 本当のこと

Je peux <u>essayer</u> cette robe ?
このドレスを**試して**もいいですか？

robe
女 ドレス

Vous pouvez <u>répéter</u> encore une fois ?
もう一度**繰り返して**くださいますか？

fois
女 回

<u>Termine</u> tes devoirs, d'abord.
まず宿題を**終わらせなさい**

devoir
男 宿題

J'<u>ai découvert</u> ce pays grâce à lui.
私は彼のおかげでこの国を**知れた**

grâce à...
…のおかげで

Tu <u>as retrouvé</u> tes lunettes ?
メガネは**見つかった**かい？

lunettes
女 複 メガネ

Ils <u>ont comparé</u> les prix sur Internet.
彼らはネットで価格を**比較した**

prix
男 価格

Je <u>compte</u> sur toi.
君を**頼りにしている**よ

925	**mener** m(ə)ne ムネ	動 運んで行く、(生活などを) 送る
926	**amener** amne アムネ	動 連れて行く [来る] ＊「どこに」(行き先) を強調
927	**emmener** ãmne アンムネ	動 連れて行く ＊「どこから」(元の場所) を強調
928	**apporter** apɔrte アポルテ	動 持って行く [来る]
929	**se promener** s(ə)prɔmne スプロムネ	代動 散歩する
930	**traverser** travɛrse トラヴェルセ	動 横断する
931	**rouler** rule ルレ	動 転がす、車で走る
932	**voler²** vɔle ヴォレ	動 飛ぶ
933	**nager** naʒe ナジェ	動 泳ぐ
934	**accompagner** akɔ̃paɲe アコンパニェ	動 付き添う
935	**disparaître** disparɛtr ディスパレトル	動 姿を消す ＊完了を表すときは助動詞に être をとることもある
936	**revenir** rəv(ə)niːr ルヴニール	動 戻ってくる ＊助動詞は être

☐☐☐ Ils <u>mènent</u> une vie scandaleuse.
彼らはスキャンダラスな生活を**送っている**

scandaleux
形 破廉恥な

☐☐☐ Tu peux <u>amener</u> les enfants à l'école ?
子供たちを学校まで**連れて行って**くれる？

école
女 学校

☐☐☐ J'ai <u>emmené</u> les enfants au musée.
子供たちを美術館に**連れて行った**

musée
男 美術館

☐☐☐ Vous pouvez nous <u>apporter</u> du pain ?
私たちにパンを**持って来て**くださいますか？

pain
男 パン

☐☐☐ Il <u>se promène</u> souvent dans le quartier.
彼はその地区をよく**散歩している**

quartier
男 地区

☐☐☐ On va <u>traverser</u> ce passage piéton.
この横断歩道を**渡ります**

piéton
形 歩行者用の

☐☐☐ Tu <u>roules</u> un peu vite, non ?
ちょっとスピード出しすぎじゃない？

vite
副 速く

☐☐☐ J'ai rêvé que je <u>volais</u>.
空を**飛んでいる**夢を見た

rêver
動 夢を見る

☐☐☐ Elle ne sait pas bien <u>nager</u>.
彼女は上手に**泳げない**

sait < savoir
動 …できる

☐☐☐ Je vous <u>accompagne</u> jusqu'à l'entrée.
玄関まで**お見送りいたしましょう**

entrée
女 入口

☐☐☐ Ma glace <u>a disparu</u> du frigo !
私のアイスが冷蔵庫から**なくなっている**！

frigo
男 冷蔵庫

☐☐☐ Tu <u>reviens</u> à quelle heure ?
何時に**戻ってくる**？

quel
形 何

217

	937	☐☐☐	**avancer** avɑ̃se アヴァンセ	動 前に動かす、前に進む
	938	☐☐☐	**reculer** r(ə)kyle ルキュレ	動 後ろに下がる、後退する
非人称	939	☐☐☐	**paraître** parɛtr パレトル	動 現れる、…であるみたいだ
	940	☐☐☐	**suffire** syfiːr スュフィール	動 充分である
	941	☐☐☐	**manquer** mɑ̃ke マンケ	動 欠けている
	942	☐☐☐	**pleuvoir** pløvwaːr プルヴォワール	動 雨が降る
	943	☐☐☐	**neiger** nɛʒe ネジェ	動 雪が降る
	944	☐☐☐	**peser** pəze プゼ	動 …の重さがある
	945	☐☐☐	**valoir** valwaːr ヴァロワール	動 …の価値がある
	946	☐☐☐	**dépendre** depɑ̃ːdr デパンドル	動 …次第である
使う	947	☐☐☐	**employer** ɑ̃plwaje アンプロワイエ	動 用いる、雇う
	948	☐☐☐	**utiliser** ytilize ユティリゼ	動 使う

☐☐☐ Vous pouvez <u>avancer</u> votre chaise ? 椅子を**前に引いて**くれますか？	chaise **女** 椅子
☐☐☐ <u>Reculez</u> un peu, s'il vous plaît. 少し**後ろに下がって**ください	
☐☐☐ Elle <u>paraissait</u> fatiguée. 彼女は疲れた**様子だった**	fatigué **形** 疲れた
☐☐☐ Merci, ça <u>suffira</u>. ありがとう。これで**足りると思います**	
☐☐☐ Je <u>manque</u> d'argent pour ce projet. この計画にはお金が**足りない**	projet **男** 計画
☐☐☐ Il <u>pleut</u> très fort. 雨がとても強く**降っている**	fort **副** 強く
☐☐☐ Demain, il va <u>neiger</u>. 明日は**雪が降る**でしょう	va < aller **動**
☐☐☐ Je <u>pèse</u> soixante kilos. 私の体重は 60 キロです	kilo < kilogramme **男** キログラム
☐☐☐ Ça ne <u>vaut</u> rien. それは価値がない	
☐☐☐ Ça <u>dépend</u> de toi. それは君**次第だ**	
☐☐☐ Je n'<u>emploie</u> pas cette expression. 私はこんな表現を**しない**	expression **女** 表現
☐☐☐ Vous <u>utilisez</u> une tablette pour travailler ? 仕事でタブレットは**使っています**か？	tablette **女** タブレット

949	☐☐☐	**approcher** aprɔʃe アプロシェ	動	近づける
950	☐☐☐	**éviter** evite エヴィテ	動	避ける
951	☐☐☐	**attacher** ataʃe アタシェ	動	結びつける
952	☐☐☐	**reprendre** r(ə)prã:dr ルプ랑ドル	動	再開する、取り戻す
953	☐☐☐	**remettre** r(ə)mɛtr ルメトル	動	元に戻す
954	☐☐☐	**bouger** buʒe ブジェ	動	動く
955	☐☐☐	**briller** brije ブリエ	動	輝く
956	☐☐☐	**sonner** sɔne ソネ	動	鳴る
957	☐☐☐	**crier** krije クリエ	動	叫ぶ
958	☐☐☐	**trembler** trã̃ble トランブレ	動	揺れる
959	☐☐☐	**guérir** geri:r ゲリール	動	治す、治る
960	☐☐☐	**montrer** mɔ̃tre モントレ	動	見せる

☐ Il <u>a approché</u> son visage du mien. ☐ 彼は私に顔を**近づけた**	visage **男** 顔
☐ Elle m'<u>évite</u>, j'ai l'impression. ☐ 彼女は私を**避けている**ような気がする	impression **女** 印象
☐ <u>Attache</u> tes lacets, tu vas tomber. ☐ ひもを**結びなさい**。転ぶよ	lacet **男** (靴の) ひも
☐ On <u>a repris</u> la discussion d'hier. ☐ 私たちは昨日の議論を**再開した**	discussion **女** 議論
☐ Il faut <u>remettre</u> les chaises comme avant. ☐ 椅子を**元に戻さ**なければならない	chaise **女** 椅子
☐ Arrête de <u>bouger</u> ! ☐ **動か**ないで！	arrêter de... …するのを止める
☐ Le ciel est bleu et le soleil <u>brille</u>. ☐ 空は青く、太陽が**輝いている**	bleu **形** 青い
☐ Le téléphone <u>sonne</u> ! ☐ 電話が**鳴っている**！	téléphone **男** 電話
☐ Ce n'est pas la peine de <u>crier</u>. ☐ **叫ば**なくたっていいですよ	ce n'est pas la peine de... …するには及ばない
☐ Je <u>tremble</u> de froid. ☐ 私は寒さで**震えている**	froid **男** 寒さ
☐ Ce médicament m'<u>a guéri</u>. ☐ この薬で私は**治った**	médicament **男** 薬
☐ Tu peux me <u>montrer</u> les photos ? ☐ 私に写真を**見せ**てくれるかい？	photo **女** 写真

■ 61. 自宅のキッチンで…

A : Oh, ça sent bon ! Qu'est-ce que tu <u>prépares</u> ?
B : J'<u>essaye</u> une nouvelle recette.

A : お、いい匂いがするね！　何を作っているの？
B : 新しいレシピを試しているんだ。

動詞 préparer は「準備する」以外に「料理を作る」という意味もあり、
« Qu'est-ce que tu prépares à manger ? » とより正確にたずねることもでき
ます。

■ 62. スマホの操作で困っているところ…

A : Comment est-ce qu'on fait pour <u>répéter</u> le même morceau ?
B : C'est simple, il <u>suffit</u> d'appuyer là.

A : 同じ曲を繰り返すためにはどうすればいいの？
B : 簡単だよ。そこを押せばいいんだよ。

un morceau は「ひと切れのパン」(un morceau de pain) のような「かけら」
や「一片」だけでなく、「曲」という意味もあります。一般的に歌詞のない曲は un
morceau、歌詞のある曲を une chanson と呼びます。 il suffit de... は「…だ
けで十分である」「…すれば良い」という意味の非人称表現です。

63. 朝、外出する前に

A : A ton avis, il <u>vaut</u> mieux prendre un parapluie aujourd'hui ?
B : Selon la météo, il va <u>pleuvoir</u> surtout ce soir.

A : 今日は傘を持って行った方がいいかな？
B : 天気予報では、雨が降るのはおもに今夜だって言っていたよ。

il vaut mieux... は「…をした方がいい」という意味で使われる非人称表現。
pleuvoir は気象現象ですから、非人称の形（il pleut）しか存在しません。

64. 真夏の猛暑の中

A : Moi, j'<u>évite</u> d'<u>utiliser</u> le climatiseur, même en été.
B : Je ne sais pas comment tu fais !

A : 個人的には、夏でも冷房を使うのを避けているね。
B : よくそんなことができるね！

« Je ne sais pas comment tu fais ! » は直訳すると「君がどうしているのかわ
からないよ！」で、相手の行為に対して驚いていることを伝える表現です。le
climatiseur「冷房」の同義語として、会話でよりよく使われる la clim（la
climatisation「冷房設備」の略語）という言葉も覚えておきましょう。そして「エ
アコン」は l'air conditionné と言います。

depuis

1. 〈時間・期間〉**(a)** …から

Depuis hier, je ne pense qu'à lui.　昨日から彼のことで頭がいっぱいだ。

Vous êtes au Canada depuis combien de temps ?
いつからカダナに住んでいるのですか?

(b) 〈**depuis que…**〉…してから、…以来

Depuis qu'il est connu, il ne me parle plus.
彼は有名人になってから、私と話さなくなった。

2. 〈場所〉…から

On vous entend depuis l'autre bout du couloir !
廊下の向こう側からあなたの声が聞こえていますよ!

---

jusque

1. 〈時間〉…まで

Ils ont dansé jusqu'à trois heures du matin.
彼らは深夜の3時まで踊った。

2. 〈場所〉…まで

Il est venu jusque chez moi.　彼は自宅までやってきた。

dès

1. …からすぐに

Réservez dès maintenant votre nouveau smartphone !
今から早速、新しいスマホをご予約ください！

2. 〈dès que...〉…するやいなや

Je te téléphone dès que j'arrive.　着いたらすぐ電話をかけるよ。

pendant

1. …の間

J'ai dormi pendant le cours.　授業中寝ていた。

2. …の間ずっと

Pendant tout le voyage, il a joué à un jeu vidéo.
旅行中、彼はずっとゲームをしていた。

3. 〈pendant que...〉…する間に

Elle regarde la télé pendant que je fais la cuisine.
私が料理をしている真っ最中に彼女はテレビを観ている。

225

961	☐☐☐	**long, longue** lɔ̃, lɔ̃ːg ロン（グ）	形 長い
962	☐☐☐	**court(e)** kuːr, kurt クール（ト）	形 短い
963	☐☐☐	**bref, brève** brɛf, brɛːv ブレフ（ーヴ）	形 手短な
964	☐☐☐	**léger, légère** leʒe, -ɛːr レジェ（ール）	形 軽い
965	☐☐☐	**lourd(e)** luːr, -urd ルール（ド）	形 重い
966	☐☐☐	**rond(e)** rɔ̃, -ɔ̃ːd ロン（ド）	形 丸い
967	☐☐☐	**même** mɛm メム	形 同じ
968	☐☐☐	**pareil, pareille** parɛj パレイユ	形 同じような
969	☐☐☐	**autre** oːtr オートル	形 他の
970	☐☐☐	**différent(e)** diferɑ̃, -ɑ̃ːt ディフェラン（ト）	形 異なる、 さまざまな
971	☐☐☐	**contraire** kɔ̃trɛːr コントレール	形 逆の
972	☐☐☐	**propre**[1] prɔpr プロプル	形 固有の、適した

☐ ☐ ☐ Mes cheveux étaient <u>longs</u>, avant. 前は髪が**長かった**んだ	cheveux **男**⑧ 髪の毛
☐ ☐ ☐ J'achète une chemise à manches <u>courtes</u>. 半袖のシャツを買います	manche **女** 袖
☐ ☐ ☐ La discussion a été <u>brève</u>. 議論は**手短に**済んだ	discussion **女** 議論
☐ ☐ ☐ Il a un <u>léger</u> rhume. 彼は**軽い**風邪を引いている	rhume **男** 風邪
☐ ☐ ☐ C'est trop <u>lourd</u> ! これは**重**すぎる！	
☐ ☐ ☐ Elle a des lunettes <u>rondes</u>. 彼女は**丸い**メガネをかけている	lunettes **女**⑧ メガネ
☐ ☐ ☐ Elles ont le <u>même</u> sac à main ! 彼女たちは**同じ**ハンドバッグを持っているぞ！	
☐ ☐ ☐ L'espagnol et le portugais, pour moi, c'est <u>pareil</u>. 私にとってスペイン語とポルトガル語は**似たような**もんだ	
☐ ☐ ☐ Ils ont pris une <u>autre</u> personne. 彼らは**他の**人をひとり採用した	pris < prendre **動** 英 take
☐ ☐ ☐ Je sais dire « bonjour » dans <u>différentes</u> langues. **いろんな**言語で「こんにちは」と言うことができる	sais < savoir **動** …できる
☐ ☐ ☐ C'est <u>contraire</u> à la loi. それは法律に**反している**	loi **女** 法律
☐ ☐ ☐ Il a un style <u>propre</u> à lui. 彼には**独特の**流儀がある	style **男** （その人なりの） やり方

973	☐☐☐	**propre²** prɔpr プロプル	形	清潔な
974	☐☐☐	**sale** sal サル	形	汚い
975	☐☐☐	**dangereux, dangereuse** dɑ̃ʒrø, -øːz ダンジュル（ーズ）	形	危険な
976	☐☐☐	**tranquille** trɑ̃kil トランキル	形	静かな
977	☐☐☐	**secret, secrète** səkrɛ, -ɛt スクレ（ト）	形	秘密の
978	☐☐☐	**plein(e)** plɛ̃, -ɛn プラン（レヌ）	形	（…で）いっぱいの
979	☐☐☐	**vide** vid ヴィド	形	空っぽの
980	☐☐☐	**fermé(e)** fɛrme フェルメ	形	閉まっている
981	☐☐☐	**ouvert(e)** uvɛːr, -ɛrt ウヴェール（ト）	形	開いている
982	☐☐☐	**chaque** ʃak シャク	形	それぞれの、各…
983	☐☐☐	**seul(e)** sœl スル	形	唯一の、孤独な
984	☐☐☐	**tel, telle** tɛl テル	形	そのような

☐ ☐ ☐	Les toilettes sont vraiment <u>propres</u>. トイレがとても**きれいだ**	toilettes 女 複 トイレ
☐ ☐	Ne touche pas ça, c'est <u>sale</u> ! 触らないで。**汚いから**！	toucher 動 触る
☐ ☐	C'est un animal <u>dangereux</u>. **危険な**動物です	animal 男 動物
☐ ☐	Ils habitent dans un quartier <u>tranquille</u>. 彼らは**閑静な**界隈に住んでいる	quartier 男 地区
☐ ☐	Il est parti par une porte <u>secrète</u>. 彼は**隠し**扉から出ていった	porte 女 扉
☐ ☐ ☐	La salle est <u>pleine</u> de monde. その部屋は人で**いっぱいだ**	salle 女 部屋、教室
☐ ☐ ☐	Ton verre est <u>vide</u> ! グラスが**空いてる**よ！	verre 男 グラス
☐ ☐ ☐	« Aujourd'hui, nous sommes <u>fermés</u>. » 本日は**休業**いたします	
☐ ☐ ☐	Le magasin est <u>ouvert</u> de dix heures à vingt heures. そのお店は午前 10 時から午後 8 時まで**開いている**	magasin 男 店
☐ ☐	<u>Chaque</u> minute compte ! 1 分 1 秒が大事だ！	compter 動 計算に入れる、 重要である
☐ ☐ ☐	Je n'aime pas manger <u>seul</u>. **ひとりで**ご飯を食べるのは好きじゃない	manger 動 食べる
☐ ☐	Une <u>telle</u> occasion est rare. **こんな**機会はめったにない	occasion 女 機会

985	☐☐☐	**vite** vit ヴィト	副 速く、早く
986	☐☐☐	**doucement** dusmɑ̃ ドゥスマン	副 そっと、 ゆっくりと
987	☐☐☐	**surtout** syrtu スュルトゥ	副 特に
988	☐☐☐	**quelquefois** kɛlkəfwa ケルクフォワ	副 時折
989	☐☐☐	**tellement** tɛlmɑ̃ テルマン	副 非常に
990	☐☐☐	**complètement** kɔ̃plɛtmɑ̃ コンプレトマン	副 完全に
991	☐☐☐	**également** egalmɑ̃ エガルマン	副 同様に
992	☐☐☐	**total(e)** tɔtal トタル	形 全体の (男複) totaux /tɔto/)
993	☐☐☐	**entier, entière** ɑ̃tje, -ɛːr アンティエ (ール)	形 全体の
994	☐☐☐	**nombreux, nombreuse** nɔ̃brø, -øːz ノンブル (ーズ)	形 多くの
995	☐☐☐	**présent(e)** prezɑ̃, -ɑ̃ːt プレザン (ト)	形 出席している
996	☐☐☐	**absent(e)** apsɑ̃, -ɑ̃ːt アプサン (ト)	形 欠席している

Viens <u>vite</u>, ça va commencer !
早く来て。始まるから！

commencer
動 始まる

On va y aller tout <u>doucement</u> ?
そろそろ行きますか？

C'est <u>surtout</u> grâce à toi.
これは**特に**あなたのおかげです

grâce à...
…のおかげで

<u>Quelquefois</u>, j'ai envie de changer de travail.
ときどき転職したくなる

avoir envie de...
…したい

Il m'a <u>tellement</u> parlé de vous !
うわさはかねがね伺っていました！

parler de...
…のことを話す

J'ai <u>complètement</u> fini ce jeu.
このゲームを**完全**クリアした

jeu
男 ゲーム

Nous avons <u>également</u> des plats
végétariens.
ベジタリアン向けのお料理**も**ございます

végétarien
形 菜食の

Quel est le prix <u>total</u> ?
全部でいくらですか？

Elle a mangé une pizza <u>entière</u> !
彼女はピザを1枚**まるごと**食べてしまった！

Il a interviewé de <u>nombreuses</u> célébrités.
彼は**たくさんの**有名人をインタビューしてきた

célébrité
女 有名人
《日本語の「セレブ」の
ニュアンスではない》

Tous les élèves étaient <u>présents</u>.
生徒たちは全員**出席して**いた

élève
名 生徒

Pourquoi tu as été <u>absent</u> ?
なぜ君は**欠席して**いたの？

997	**assis(e)** asi, -iːz アスィ（ーズ）	形 座った
998	**debout** dəbu ドゥブ	副 立って
999	**fier, fière** fjɛːr フィエール	形 誇らしい
1000	**calme** kalm カルム	形 落ち着いた
1001	**curieux, curieuse** kyrjø, -øːz キュリユ（ーズ）	形 好奇心の強い
1002	**responsable** rɛspɔ̃sabl レスポンサブル	形 責任がある、 担当している
1003	**sérieux, sérieuse** serjø, -øːz セリユ（ーズ）	形 まじめな、深刻な
1004	**intelligent(e)** ɛ̃teliʒɑ̃, -ɑ̃ːt アンテリジャン（ト）	形 頭のいい
1005	**content(e)** kɔ̃tɑ̃, -ɑ̃ːt コンタン（ト）	形 うれしい、 満足した
1006	**mécontent(e)** mekɔ̃tɑ̃, -ɑ̃ːt メコンタン（ト）	形 不満な
1007	**travailleur, travailleuse** travajœːr, -øːz トラヴァイユール（ズ）	形 勤勉な
1008	**volontiers** vɔlɔ̃tje ヴォロンティエ	副 喜んで

Ils étaient <u>assis</u> tout devant.
彼らは一番前に**座っていた**

devant
副 前方に

Elle ne tient pas <u>debout</u>.
彼女は**立っていられない**

tient < tenir
動 持ちこたえる

Vos parents doivent être <u>fiers</u> de vous.
ご両親はきっと**誇らしい**でしょうね

doivent < devoir
動

Ce café est très <u>calme</u>.
このカフェはとても**静かだ**

Il est <u>curieux</u> de tout.
彼は何にでも**興味津々だ**

Je suis <u>responsable</u> de la communication.
広報**担当**です

communication
女 広報活動

La nouvelle stagiaire est très <u>sérieuse</u>.
新しく入ってきたインターンはとても**まじめだ**

stagiaire
名 研修生、
インターン

Les corbeaux sont des animaux <u>intelligents</u>.
カラスは**頭のいい**動物だ

corbeau
男 カラス

Elle a l'air <u>contente</u>.
彼女は**満足した**様子だ

air
男 様子

Les clients sont <u>mécontents</u>.
顧客たちは**満足していない**

client
名 顧客

Cet élève est <u>travailleur</u>.
この生徒は**勤勉だ**

élève
名 生徒

J'accepte <u>volontiers</u> votre invitation.
喜んでご招待をお受け致します

invitation
女 招待（状）

1009	☐☐☐	**sec, sèche** sɛk, sɛʃ セク，セシュ	形 乾いた
1010	☐☐☐	**humide** ymid ユミド	形 湿った
1011	☐☐☐	**simple** sɛ̃:pl サンプル	形 単純な
1012	☐☐☐	**compliqué(e)** kɔ̃plike コンプリケ	形 複雑な
1013	☐☐☐	**double** dubl ドゥブル	形 二重の
1014	☐☐☐	**humain(e)** ymɛ̃, -ɛn ユマン（メヌ）	形 人間の
1015	☐☐☐	**public, publique** pyblik ピュブリク	形 公立の、公的な
1016	☐☐☐	**privé(e)** prive プリヴェ	形 民間の、私的な
1017	☐☐☐	**fragile** fraʒil フラジル	形 もろい
1018	☐☐☐	**solide** solid ソリド	形 丈夫な
1019	☐☐☐	**rapide** rapid ラピド	形 速い、すばやい
1020	☐☐☐	**lent(e)** lɑ̃, -ɑ̃:t ラン（ト）	形 遅い

Le linge est <u>sec</u> ?
洗濯物は**乾いた**？

linge
男 洗濯物

Le temps est <u>humide</u>, ici.
ここの気候は**湿度が高い**

temps
男 天気

C'est <u>simple</u> comme bonjour.
お茶の子さいさいだ
《それは「こんにちは」くらい**簡単だ**》

C'est un appareil <u>compliqué</u> à utiliser.
これは使用方法が**複雑な**機器だ

appareil
男 装置、機械

Est-ce que vous avez la <u>double</u> nationalité ?
あなたは国籍を**ふたつ**お持ちですか？

nationalité
女 国籍

Les sans-abri sont aussi des êtres <u>humains</u>.
ホームレスも**人間**だぞ

sans-abri
名 ホームレス

C'est une école <u>publique</u>.
これは**公立**学校だ

école
女 学校

Je ne veux pas parler de ma vie <u>privée</u>.
私生活については話したくない

parler de...
…について話す

Attention, c'est très <u>fragile</u>.
気をつけて。とっても**壊れやすい**から

attention
女 注意

Cette commode est <u>solide</u>.
このタンスは**丈夫だ**

commode
女 タンス

Je vous remercie pour votre réponse <u>rapide</u>.
早速のお返事に感謝いたします

remercier
動 感謝する

Cet ordinateur est un peu <u>lent</u>.
このパソコンは少し動作が**遅い**

ordinateur
男 パソコン

■ 65. 友だちと話していて…

A : L'<u>autre</u> jour, dans la rue, j'ai croisé un type : il avait exactement le <u>même</u> visage que toi !

B : C'est marrant, ça !

A : 先日、通りを歩いていたらある男とすれ違ったんだけど、あんたとまったく同じ顔だったよ！

B : へー、面白いね、それ！

l'autre jour は決まった言い方で「先日」。そう遠くない過去に起きたことについて話すときによく使う表現です。un type は「男」「奴」を意味する口語です。

■ 66. カナダに引っ越した知り合いとビデオ通話をしていて…

A : Alors, c'est comment, Montréal ?

B : En ce qui concerne l'ambiance au travail, par rapport à Tokyo, c'est <u>complètement</u> <u>différent</u>.

A : それで、モントリオールはどんな感じ？

B : 仕事に関して言うと、東京と比べて職場の雰囲気はまったく違うよ。

en ce qui concerne... は「…に関して」という意味の決まった表現です。par rapport à... は、特に会話文で「…に比べて」という意味で多く使われます。

■ 67. 友だちが彼氏を紹介してくれる予定だったが…

A : Tiens, tu es venue <u>seule</u>. David nous rejoint après ?
B : Euh... non. En fait, c'est un peu <u>compliqué</u> avec lui, ces
    derniers temps.

A : お、ひとりで来たんだ。ダヴィッドは後から合流するのかな？
B : いや、実を言うと、最近彼とはちょっと複雑なんだよね。

tiens はここでは驚きを表す表現として使われています。ほかにも、相手に何かを
見せたり渡したりして「ほら」と言うときに使います。en fait は「実は」「実際は」
という意味で、新たな事実や事柄を相手に教えるときに便利な表現です。

■ 68. 荷造りをしていたら…

A : Ma valise est trop <u>lourde</u>, je crois.
B : Bah oui, elle est <u>pleine</u> à craquer !

A : 私のスーツケース、重すぎるかも。
B : 当然だよ。荷物を詰めすぎてスーツケースがはち切れそうだ！

plein à craquer は決まった言い方で「はち切れるほど詰まった」の意味。前置
詞 à は「…するほど」というニュアンスです。物だけでなく場所に対しても使えま
すよ。

  例： Le train est plein à craquer.
     電車の中に人が多すぎてはちきれそうだ。

1021	☐☐☐	**particulier, particulière** partikylje, -ɛːr バルティキュリエ (ール)	形 特殊な、固有の、 個人的な
1022	☐☐☐	**unique** ynik ユニク	形 唯一の、独自の
1023	☐☐☐	**commun(e)** kɔmœ̃, -yn コマン (ミュヌ)	形 共通の
1024	☐☐☐	**naturel, naturelle** natyrɛl ナチュレル	形 自然の
1025	☐☐☐	**sauvage** sovaːʒ ソヴァージュ	形 野生の
1026	☐☐☐	**épais, épaisse** epɛ, -ɛs エペ (ス)	形 厚い ⇔ mince 形 薄い
1027	☐☐☐	**profond(e)** prɔfɔ̃, -ɔ̃ːd プロフォン (ド)	形 深い
1028	☐☐☐	**occupé(e)** ɔkype オキュペ	形 使用中の、忙しい
1029	☐☐☐	**avant-hier** avɑ̃tjɛːr アヴァンティエール	副 おととい
1030	☐☐☐	**après-demain** aprɛdmɛ̃ アプレドゥマン	副 あさって
1031	☐☐☐	**précédent(e)** presedɑ̃, -ɑ̃ːt プレセダン (ト)	形 前の
1032	☐☐☐	**suivant(e)** sɥivɑ̃, -ɑ̃ːt スュイヴァン (ト)	形 次の

☐☐☐ Je donne des cours <u>particuliers</u> de français.
フランス語の**プライベート**レッスンをしている

cours
男 講義

☐☐☐ Cette montre est une pièce <u>unique</u>.
この時計は世界で**ひとつ**しかありません

pièce
女 一点、一品

☐☐☐ La salle de bains est <u>commune</u>.
バスルームは**共用**です

bain
男 風呂

☐☐☐ C'est difficile de rester <u>naturel</u>.
自然体で居続けるのは難しい

rester
動 …のままでいる

☐☐☐ Ce sont des fraises <u>sauvages</u>.
野イチゴです

fraise
女 イチゴ

☐☐☐ Ce livre est vraiment <u>épais</u>.
この本はとても**厚い**

livre
男 本

☐☐☐ Cette partie-là de la piscine est <u>profonde</u>.
プールのこの部分は**深い**

piscine
女 プール

☐☐☐ Excusez-moi, je suis <u>occupé</u>.
すみませんが、**忙しい**です

☐☐☐ <u>Avant-hier</u>, je suis allé voir l'exposition Monet.
おととい、モネ展を見に行った

exposition
女 展覧会

☐☐☐ Je peux trouver du temps <u>après-demain</u>.
あさっては時間を取れます

temps
男 時間

☐☐☐ Tu cliques ici pour revenir à la page <u>précédente</u>.
前のページに戻るためには、ここをクリックして

cliquer
動 クリックする

☐☐☐ « Personne <u>suivante</u> ! »
次の方どうぞ！

239

1033	☐ ☐ ☐ **direct(e)** dirɛkt ディレクト	形 まっすぐな、 直接の
1034	☐ ☐ ☐ **autrefois** otrəfwa オトルフォワ	副 昔
1035	☐ ☐ ☐ **autour** otu:r オトゥール	副 周囲に
1036	☐ ☐ ☐ **ailleurs** ajœ:r アイユール	副 他の場所で
1037	☐ ☐ ☐ **partout** partu パルトゥ	副 いたるところで
1038	☐ ☐ ☐ **au-dessous** od(ə)su オドゥス	副 その下に
1039	☐ ☐ ☐ **au-dessus** od(ə)sy オドゥスュ	副 その上に
1040	☐ ☐ ☐ **intérieur(e)** ɛ̃terjœr アンテリユール	形 内の 男 内側、屋内
1041	☐ ☐ ☐ **extérieur(e)** ɛksterjœ:r エクステリユール	形 外の 男 外側、外観
1042	☐ ☐ ☐ **lorsque** lɔrsk ロルスク	接 …のときに
1043	☐ ☐ ☐ **excellent(e)** ɛksɛlɑ̃, -ɑ̃:t エクセラン（ト）	形 見事な
1044	☐ ☐ ☐ **merveilleux, merveilleuse** mɛrvɛjø, -ø:z メルヴェイユ（ーズ）	形 すばらしい

☐☐☐ Je préfère les vols <u>directs</u>.
直行便の方がいいです

vol
男 フライト

☐☐☐ Ce sont des cartes postales d'<u>autrefois</u>.
これらは**昔**の絵葉書です

carte postale
女 絵葉書

☐☐☐ On s'est promenés <u>autour</u> du lac.
私たちは湖の**周り**を散歩した

se promener
代動 散歩する

☐☐☐ Ils sont sûrement allés <u>ailleurs</u>.
きっと彼らは**よそへ**行った

sûrement
副 確実に

☐☐☐ Mais tu as mis de la farine <u>partout</u> !
おいおい、小麦粉を**あちこちに**こぼしたじゃないか！

farine
女 小麦粉

☐☐☐ La température va descendre <u>au-dessous</u> de zéro degré.
気温は零度**以下**に下がるでしょう

descendre
動 低くなる

☐☐☐ L'avion passe <u>au-dessus</u> de la Sibérie.
その飛行機はシベリアの**上**を通る

passer
動 通る

☐☐☐ Nous sommes dans la cour <u>intérieure</u> du château.
私たちはお城の**内庭**にいます

cour
女 中庭

☐☐☐ Le commerce <u>extérieur</u> français va mieux.
フランスの**対外**貿易はよくなっている

commerce
男 商業、取引

☐☐☐ <u>Lorsque</u> j'étais enfant, je jouais aux billes.
子供の**とき**、ビー玉で遊んでいました

bille
女 ビー玉

☐☐☐ Le sport est <u>excellent</u> pour la santé.
スポーツは健康に**とてもいい**です

santé
女 健康

☐☐☐ Tu as été <u>merveilleuse</u>, sur scène !
舞台上の君は**すばらしかった**よ！

scène
女 舞台、ステージ

1045	☐☐☐	**utile** ytil ユティル	形 役に立つ
1046	☐☐☐	**inutile** inytil イニュティル	形 役に立たない
1047	☐☐☐	**pratique** pratik プラティク	形 便利な、実際的な
1048	☐☐☐	**confortable** kɔ̃fɔrtabl コンフォルタブル	形 快適な
1049	☐☐☐	**pénible** penibl ペニブル	形 つらい
1050	☐☐☐	**spécial(e)** spesjal スペスィヤル	形 特別の (男) (複) spéciaux /spesjo/)
1051	☐☐☐	**étonnant(e)** etɔnɑ̃, -ɑ̃:t エトナン(ト)	形 驚くべき
1052	☐☐☐	**exact(e)** ɛgza(kt), -kt エグザ(クト)	形 正確な ＊男性形も /ɛgzakt/ と発音 することが多い
1053	☐☐☐	**exactement** ɛgzaktəmɑ̃ エグザクトマン	副 まさしく
1054	☐☐☐	**évident(e)** evidɑ̃, -ɑ̃:t エヴィダン(ト)	形 明らかな
1055	☐☐☐	**évidemment** evidamɑ̃ エヴィダマン	副 もちろん
1056	☐☐☐	**nécessaire** nesesɛ:r ネセセール	形 必要な

Vos conseils m'ont été <u>utiles</u>.
あなたのアドバイスは**役に立ち**ました

conseil
男 助言

Cette décoration est <u>inutile</u>.
このデコレーションは**役に立たない**

décoration
女 装飾

Ce sac est très <u>pratique</u>.
このかばんはとても**便利だ**

Le canapé est <u>confortable</u>.
ソファーは**快適だ**

canapé
男 ソファー

Ces gens font un travail <u>pénible</u>.
この人たちは**つらい**労働をしている

font < faire
動

C'est un jour <u>spécial</u> pour moi.
これは私にとって**特別な**日です

jour
男 日

C'est <u>étonnant</u> comme elles se ressemblent !
彼女たちがあまりに似ていて**驚きだ**！

se ressembler
代動 互いに似ている

Quelle est la prononciation <u>exacte</u> de ce nom ?
この名前の**正確な**発音は何ですか？

prononciation
女 発音

Qu'est-ce qui s'est passé, <u>exactement</u> ?
正確には何が起きたの？

se passer
代動 起こる

Il a beaucoup de talent, c'est <u>évident</u>.
彼には才能がある。それは**明らかだ**

talent
男 才能

<u>Evidemment</u>, je t'invite.
もちろん、おごりますよ

inviter
動 招待する、おごる

Vous croyez vraiment que c'est <u>nécessaire</u> ?
これが**必要だ**と本当にお思いですか？

croyez < croire
動 思う

1057	☐☐☐	**important(e)** ɛ̃pɔrtɑ̃, -ɑ̃:t アンポルタン（ト）	形 重要な	
1058	☐☐☐	**incroyable** ɛ̃krwajabl アンクロワイヤブル	形 信じられない	
1059	☐☐☐	**interdit(e)** ɛ̃tɛrdi, -it アンテルディ（ト）	形 禁止された	
1060	☐☐☐	**général(e)** ʒeneral ジェネラル	形 一般的な (男) 複 **généraux** /ʒenero/)	
1061	☐☐☐	**généralement** ʒeneralmɑ̃ ジェネラルマン	副 一般に	
1062	☐☐☐	**quotidien, quotidienne** kɔtidjɛ̃, -ɛn コティディヤン（エヌ）	形 日々の	
1063	☐☐☐	**gratuit(e)** gratɥi, -it グラチュイ（ト）	形 無料の	
1064	☐☐☐	**payant(e)** pɛjɑ̃, -ɑ̃:t ペイヤン（ト）	形 有料の	

1065	☐☐☐	**individuel, individuelle** ɛ̃dividɥel アンディヴィデュエル	形 個人の	
1066	☐☐☐	**social(e)** sɔsjal ソスィヤル	形 社会の (男) 複 **sociaux** /sɔsjo/)	
1067	☐☐☐	**politique** pɔlitik ポリティク	形 政治的な	
1068	☐☐☐	**économique** ekɔnɔmik エコノミク	形 経済の、 安上がりな	

Cet objet est très <u>important</u> pour moi.
この品は私にとってとても**大事**です

objet
男 品物

C'est <u>incroyable</u>, mais vrai.
信じられないでしょうが本当です

vrai
形 本当の

Il est <u>interdit</u> de prendre des photos ici.
ここでの写真撮影は**禁止されて**います

prendre
動 英 take

Je vais faire quelques remarques <u>générales</u>.
いくつか**一般的な**指摘をしたいと思います

remarque
女 指摘

<u>Généralement</u>, il n'est pas en retard.
彼は**普段**遅刻しません

être en retard
遅れる

L'intelligence artificielle va changer notre
vie <u>quotidienne</u>.
人工知能が私たちの**日常**生活を変えようとしている

intelligence
女 知能
artificiel
形 人工の

Le concert est <u>gratuit</u> pour tous !
コンサートは全員**無料**です！

concert
男 演奏会

L'entrée est <u>payante</u>.
入場は**有料**です

entrée
女 入場

Toutes les chambres sont <u>individuelles</u>.
全室**おひとり様用**です

chambre
女 部屋

Les inégalités <u>sociales</u> augmentent.
社会的な不平等が増大している

inégalité
女 不平等

Certains hommes <u>politiques</u> sont honnêtes.
一部の**政治**家は清廉だ

honnête
形 誠実な

La situation <u>économique</u> n'est pas bonne.
経済状況はよくない

situation
女 状況

社会	1069	☐☐☐	**international(e)** ɛ̃tɛrnasjɔnal アンテルナスィヨナル	形 国際的な (男) (複) internationaux /ɛ̃tɛrnasjɔno/)
	1070	☐☐☐	**national(e)** nasjɔnal ナスィヨナル	形 国の (男) (複) nationaux /nasjɔno/)
	1071	☐☐☐	**moderne** mɔdɛrn モデルヌ	形 現代の
接続	1072	☐☐☐	**car** ka:r カール	接 なぜなら
	1073	☐☐☐	**c'est-à-dire** sɛtadi:r セタディール	接 すなわち
	1074	☐☐☐	**pourtant** purtɑ̃ プルタン	副 それでも
色彩・感覚	1075	☐☐☐	**clair(e)** klɛ:r クレール	形 淡い、明るい
	1076	☐☐☐	**foncé(e)** fɔ̃se フォンセ	形 濃い、暗い
	1077	☐☐☐	**sombre** sɔ̃:br ソンブル	形 暗い
	1078	☐☐☐	**pur(e)** py:r ピュール	形 純粋な
	1079	☐☐☐	**tendre** tɑ̃:dr タンドル	形 柔らかい、優しい
	1080	☐☐☐	**violent(e)** vjɔlɑ̃, -ɑ̃:t ヴィヨラン(ト)	形 乱暴な、強烈な

☐
☐ C'est un événement <u>international</u>.
☐ これは**国際的な**イベントだ

événement
男 出来事

☐
☐ Les footballeurs ont chanté l'hymne <u>national</u>.
☐ サッカー選手たちは**国歌**を歌った

hymne
男 賛歌

☐
☐ Je trouve que c'est très <u>moderne</u>.
☐ それはとても**現代的だ**と思います

trouver
動 …であると思う

☐
☐ Reviens vite, <u>car</u> tu me manques déjà !
☐ 早く戻ってきてよ。君がいなくてもう寂しい**から**！

A manque à B
A がいなくて
B は寂しい

☐
☐ Ça sera le mois prochain, <u>c'est-à-dire</u> en mai.
☐ それは来月、**つまり**5月だ

prochain
形 この次の

☐
☐ <u>Pourtant</u>, je n'ai parlé de ça à personne.
☐ それについて誰にも話さなかったんだけどな…

personne
代 誰にも

☐
☐ Cette chambre est très <u>claire</u>.
☐ この部屋はとても**明るい**

chambre
女 部屋

☐
☐ J'aime bien le bleu <u>foncé</u>.
☐ **紺色**が好きです

bleu
男 青

☐
☐ Son visage était <u>sombre</u>.
☐ 彼（女）の顔は**暗かった**

visage
男 顔

☐
☐ C'est de l'or <u>pur</u> ?
☐ これは**純金**ですか？

or
男 金

☐
☐ La viande est très <u>tendre</u>.
☐ 肉はとても**柔らかい**

viande
女 肉

☐
☐ Sa réaction a été <u>violente</u>.
☐ 彼（女）の反応はとても**乱暴だった**

réaction
女 反応

■ 69. クライアントと話をしていて…

A : Vous êtes très <u>occupé</u>, en ce moment ?

B : Oui, j'ai des rendez-vous tous les jours, un peu <u>partout</u> en France.

A : 最近お忙しいんですか？

B : そうなんですよ。フランスのあちこちで毎日アポが入っています。

partout は「あらゆる場所で」というニュアンスで、会話では誇張しすぎに聞こえるので、un peu partout と言って「様々な場所で」という控えめなニュアンスを持たせます。

■ 70. その場にいない同僚の話をして…

A : Alain, il est un peu <u>spécial</u>, non ?

B : Non, c'est juste qu'il est très <u>direct</u> avec les gens.

A : アランって、ちょっと変わっていない？

B : いや、人に対してとてもはっきりものを言うだけなんだよ。

spécial(e) は「特別」だけでなく、「変わっている」や「変」という意味にもなります。c'est juste que... は頻繁に使われる口語的な言い回しで、伝える情報がそれほど重要ではないと伝える語気緩和の表現です。

例： C'est juste que j'étais un peu inquiet.
　　 ちょっと心配していたってだけだから。

■ 71. カップルの会話で

A : <u>Evidemment</u>, tu ne m'écoutes pas !
B : Excuse-moi, j'étais <u>ailleurs</u>.

A : やっぱり話を聞いてない！
B : ごめん、ぼーっとしていたよ。

évidemment は「もちろん」という意味で多く使われますが、この会話のように文頭に置いて「やっぱり」や「明らかにそうである」というニュアンスでも使われます。ailleurs は「ほかの場所」を指し、être ailleurs で「上の空でいる」という意味になります。

■ 72. 素朴な疑問

A : C'est <u>important</u> d'apprendre le français ?
B : C'est très <u>important</u>, <u>car</u> on peut communiquer avec les gens de tous les pays francophones !

A : フランス語を習うのは大事なことなの？
B : とても重要さ。というのも、フランス語圏のあらゆる国々の人とコミュニケーションを取れるようになるんだよ。

car は文章の途中でしか使えず、文頭に置くことはできません。格調高い文章に合う言葉ですので、会話では必要に応じて parce que を使います。un pays「国」は /pei ペイ/ と発音するので気をつけましょう。

entre

1. 〈場所〉…の間に

Quel est le nom du pays qui est entre la France et l'Espagne ?
- L'Andorre !

フランスとスペインの間にある国の名前は? － アンドラ!

2. 〈時間〉…の間に

Vous venez entre vingt heures et vingt heures trente, d'accord ?

夜の8時から8時半の間に来てくださいね。

3. 〈選択〉…の中から ≒ **parmi**

Entre tous ces gâteaux, c'est difficile de choisir !

これだけのケーキがあると、選ぶのは難しい!

4. …同士で

On fait une fête entre amis de la fac.

大学の友だち同士でパーティーをする。

parmi

…の中から《多数の人や物の中から選択》

Est-ce qu'il y a des personnes libres demain, parmi vous ?

あなたたちのうち、誰か明日時間ある人はいますか?

avec

1. **…と一緒に**

Je me sens heureuse avec lui.　彼といると私は幸せだ。

2. **〈付属〉…のついた**

C'est un pantalon avec beaucoup de poches.
ポケットが多くついているズボンだ。

3. **〈理由〉…のせいで、…のおかげで**

Avec cette chaleur, on ne peut pas sortir.
この暑さだと外出はできないな。

4. **…の様子で、…をもって**

Avec plaisir.　喜んで。

sans

1. **…のない、…なし**

Je me sens triste sans lui.　彼がいないと私は悲しい。

2. **〈sans ＋不定詞〉…せずに**

Je travaille sans manger depuis ce matin.
今朝から食べずに仕事している。

3. **〈sans doute〉おそらく**

Elle est sans doute très riche.　彼女はおそらく大金持ちでしょう。

季節の移り変わりをフランス語で

　会話や旅行先でどうしても必要になってくるのは、季節や時間に関する表現です。ここに挙げる、曜日、月、季節、そして色を表す言葉はすべて男性名詞ですので、まとめて覚えましょう。

曜日

月曜日 lundi　　　　　火曜日 mardi　　　　　水曜日 mercredi
木曜日 jeudi　　　　　金曜日 vendredi　　　　土曜日 samedi
日曜日 dimanche　　　（週末 le week-end）

　まずは曜日から。すべての曜日に di が含まれていますね。これはもともと「日」を表す *dies* という俗ラテン語に由来します。月曜日は俗ラテン語で *Lunis dies* と呼び「月（lune）の日」という意味です。ギリシア・ローマ神話の影響を受け、フランス語で火星は Mars、水星は Mercure、木星は Jupiter、金星は Vénus、土星は Saturne と呼びますが、それぞれの曜日と対応しているのがわかりますね。ちなみに dimanche は *dies dominicus* が語源で「主の日」という意味ですよ。

　「今週…曜日」と言う場合は無冠詞で曜日の名詞を使い、「毎週…曜日」と言いたいときは定冠詞 le をつけます。例で確認しましょう。

　例：Samedi, je vais au cinéma.　　今週土曜日に映画館に行く。
　　　Le samedi, je fais du tennis.　毎週土曜日にテニスをしている。

月

1月 janvier　　　2月 février　　　3月 mars　　　　4月 avril
5月 mai　　　　　6月 juin　　　　7月 juillet　　　8月 août
9月 septembre　10月 octobre　11月 novembre　12月 décembre

　続いて月の名前の語源について。現在の1月～6月はギリシア・ローマ神話の神々に、7月と8月は紀元前1世紀に古代ローマを統治していたユリウス・カエサル（Jules César）とその後継者である皇帝アウグストゥス（Auguste）に由来します。

　そのあとに続く septembre から décembre は、7から10の数字が語源です。これは古代ローマの暦に関係しています。紀元前8世紀半ばの暦では、3月を年の始まりとしていたため、7番目から10番目に位置していた月がフランス語の septembre、 octobre、novembre そして décembre になりました。その後、紀元前8世紀末に改暦が行われて、現在の1月 janvier と2月 février が追加されました。

　日付を言うときは、定冠詞 le の後に、日・月の順番で表します。1日のときのみ、数字の un や une を使わず、le premier（一番目の）という表現を使用します。いくつかの日付を例に見てみましょう。

　　例：le premier avril　　　　　　4月1日（エープリルフール）
　　　　le quatorze juillet　　　　　7月14日（パリ祭）
　　　　le vingt-cinq décembre　　　12月25日（クリスマス）

季節

春 le printemps　　　夏 l'été　　　秋 l'automne　　　冬 l'hiver

　普段の会話などでは、「春に、夏に…」と言うことが多いと思いますが、フランス語では「前置詞＋季節」で表します。使用する前置詞は printemps では au、それ以外では en です。

　　　　　「春に」au printemps、　　　「夏に」en été、
　　　　　「秋に」en automne、　　　　「冬に」en hiver

　ちなみにファッション業界で使われる「春夏」「秋冬」という言葉は、それぞれ printemps-été、automne-hiver とハイフンでつなげて使います。

色

　季節の移り変わりとともに、草木が咲き誇っては、枯れる。私たちの日常は、様々な色であふれています。

ベージュ le beige　　白 le blanc　　　青 le bleu　　グレー le gris
黄色 le jaune　　　茶色 le marron　　黒 le noir　　オレンジ l'orange
ピンク le rose　　　赤 le rouge　　　緑 le vert　　紫 le violet

　淡い色には clair、濃い色には foncé という形容詞をつけ足して表します。例えば水色であれば bleu clair、紺色であれば bleu foncé になります。

数字

0	zéro /zero/	16	seize /sɛz/	90	quatre-vingt-dix /katrəvɛ̃dis/
1	un /œ̃/	17	dix-sept /disɛt/	91	quatre-vingt-onze /katrəvɛ̃ɔ̃z/
2	deux /dø/	18	dix-huit /dizɥit/	100	cent /sɑ̃/
3	trois /trwɑ/	19	dix-neuf /diznœf/	101	cent un /sɑ̃œ̃/
4	quatre /katr/	20	vingt /vɛ̃/	200	deux cents /døsɑ̃/
5	cinq /sɛ̃k/	21	vingt et un /vɛ̃teœ̃/	201	deux cent un /døsɑ̃œ̃/
6	six /sis/	22	vingt-deux /vɛ̃tdø/	1 000	mille /mil/
7	sept /sɛt/	30	trente /trɑ̃t/	1 001	mille un /milœ̃/
8	huit /ɥit/	40	quarante /karɑ̃t/	2 000	deux mille /dømil/
9	neuf /nœf/	50	cinquante /sɛ̃kɑ̃t/	10 000	dix mille /dimil/
10	dix /dis/	60	soixante /swasɑ̃t/	100 000	cent mille /sɑ̃mil/
11	onze /ɔ̃z/	70	soixante-dix /swasɑ̃tdis/	1 000 000	un million /œ̃miljɔ̃/
12	douze /duz/	71	soixante et onze /swasɑ̃teɔ̃z/	1 000 000 000	un milliard /œ̃miljar/
13	treize /trɛz/	72	soixante-douze /swasɑ̃tduz/		
14	quatorze /katɔrz/	80	quatre-vingts /katrəvɛ̃/		
15	quinze /kɛ̃z/	81	quatre-vingt-un /katrəvɛ̃œ̃/		

暗記のコツ

★ まず 0 から 16 を覚えることから始まります。前から順番に言えるようになったら、ゲーム感覚で逆順、さらにランダムでも完璧に言えるように練習して、フランス語の数詞をマスターしましょう。

★ 17 以降は、「10 ＋ 7」という風に組み合わせていけば大丈夫です。ひとまず 30 まで暗記しましょう。「順番→逆順→ランダム」で言えるようにします。

★ 次に、30 まで言えるようになりましたら、これまで覚えた数字を確認するために、「1、11、21」、「2、12、22」、「3、13、23」と 1 から 10 の数字に毎回 10 を足して、30 にたどり着くまで言ってみてください。これが意外と難しく、頭が鍛えられますよ。

★ 自信がついてきましたら、31 から 69 までの数詞を、少しずつ覚えていきましょう。ここでも「順番→逆順→ランダム」で言えるように練習します。一気に覚えるのが大変であれば、例えば「31 から 40」「41 から 50」「51 から…」と 10 個ずつに分けて覚えるのもいいでしょう。

★ 70 以降は少しだけ頑張らないといけません。70 は「60 ＋ 10」、80 は「4 × 20」、90 は「4 × 20 ＋ 10」という風に表します。特に 80 と 90 は不思議な言い方に見えますが、昔ヨーロッパにあった 20 ずつ数える習慣に由来していると言われています。ここでも、「順番→逆順→ランダム」という暗記法を継続して、しっかり身につけましょう。

★ 100 以降は比較的楽になります。1万は dix mille（10 × 1000）、10 万は cent mille（100 × 1000）と言います。100 万は un million、1000 万は dix millions、1億は cent millions、10 億が un milliard になります。特に un million（100 万）と un milliard（10 億）はしっかり覚えておきましょう。

複数形の s がつく数詞、つかない数詞

※ 80 と 200 以降の百の倍数は、quatre-vingts、deux cents という風に s がつきますが、端数や mille が続いている場合は s はつきません。

　例：89　**quatre-vingt-neuf**
　　　201　**deux cent un**
　　　8万　**quatre-vingt mille**

※ mille には絶対に s はつきません。例えば 2020 年は deux mille vingt と書きます。

索引

見出し語は太字で、mot-clef に掲載した語は赤字で示してあります。

著者紹介

ヴェスィエール ジョルジュ（VEYSSIÈRE Georges）

1987年東京生まれ。獨協大学外国語学部フランス語学科専任講師。NHKラジオ講座『まいにちフランス語』出演(2018年4月〜9月)。パリ第4大学でフランス中世文学（抒情詩）、パリ第3大学でフランス語教授法の分野で修士号取得。編著書に『仏検準1級・2級対応 クラウン フランス語単語 上級』『仏検準2級・3級対応 クラウン フランス語単語 中級』（三省堂）がある。

仏検4級・5級対応

クラウン フランス語単語　入門

2020年4月10日　　第1刷発行
2022年9月30日　　第4刷発行

著　者　　ヴェスィエール ジョルジュ

発行者　　株式会社三省堂　代表者 瀧本多加志

印刷者　　三省堂印刷株式会社

発行所　　株式会社三省堂
　　　　　〒102-8371 東京都千代田区麴町五丁目7番2号
　　　　　　　　　電話　（03）3230-9411
　　　　　　　　　https://www.sanseido.co.jp/
　　　　　　　　　商標登録番号　663092

©VEYSSIÈRE Georges 2020
Printed in Japan

〈フランス語単語入門・272pp.〉
落丁本・乱丁本はお取り替えいたします。

ISBN978-4-385-36570-1